一瞬ですべてがわかる指占い

全日本都在玩的

手指识人术

橘Noel◎著　方逸珮◎译

湖南文艺出版社
HUNAN LITERATURE AND ART PUBLISHING HOUSE

图书在版编目（CIP）数据

全日本都在玩的手指识人术 /（日）橘Noel著；方逸珮译. — 长沙：湖南文艺出版社，2011.5
ISBN 978-7-5404-4840-0

Ⅰ. ①全… Ⅱ. ①橘… ②方… Ⅲ. ①心理学－通俗读物 Ⅳ. ①B84-49

中国版本图书馆CIP数据核字(2011)第030985号

著作合同登记号：图18-2010-237

全日本都在玩的手指识人术

著　　者：（日）橘Noel
译　　者：方逸珮
出 版 人：刘清华
责任编辑：傅　伊
特约编辑：困于1984　杨丽娜
版权支持：李彩萍
装帧设计：姜利锐
出版发行：湖南文艺出版社
（长沙市雨花区东二环一段508号　邮编：410014）
网　　址：www.hnwy.net
印　　刷：北京佳信达欣艺术印刷有限公司
经　　销：新华书店
开　　本：880×1270　1/32
字　　数：150千字
印　　张：5.5
版　　次：2011年5月第1版
印　　次：2011年5月第1次印刷
书　　号：ISBN 978-7-5404-4840-0
定　　价：25.00元

前言

“手指”是找到“真自我”的指标

有时候，我们自己反而不太了解自己。尽管你觉得很懂自己，但周遭的人对你可能会有完全不同的评价，或是做出一些连自己也摸不着头脑的行为。就算理智所释放的信息是“这样才对”，但你的感性仍难以接受这个事实。相反，也有人就算心中已经接受这样的结果，但实际上表现出无法认同，甚至产生抗拒的行为。

不少人总是很困惑地扪心自问，到底什么才是“真正的我”？因为这个疑问而感到迷惘时，我们就会忍不住跑去占卜或算命。而“手相”是由属于身体一部分的“手”来进行占卜，能够更迅速、直接地了解自己。如果你的身边恰巧有一位占卜师，那当然是再好不过了。如果没有，就只能求助于懂手相的人，或是找手相学的相关书籍来看。一般来说，男性的手掌纹路比较明显，可以自己对照

手相的书来占卜；但是相较之下，很多女性的手掌纹路较浅而不清楚，想要自己占卜就很难了。

可是，就算看着画在书上那一条条的线，常常也很难搞清楚到底对照的是自己手上的哪一条线。其实，并没有任何人的掌纹会是一模一样的。所以，如果你的掌纹和书上介绍的有出入，那也是无可奈何的事。要想判断一些细微的差异，光靠形式上的知识理论是不够的，一定得日积月累，比较、观察过许多不同的掌纹后，才能利用直觉来断言、占卜。这么一来，真正懂手相的人，应该就只剩下专业的占卜师或专门研究手相的人了。说也奇怪，明明是和自己有关的事情，而且是自己的双手，但是怎么会连自己也看不懂呢?

走进书店，可以看到许多专家写的手相占卜书籍。为了让一般读者也能看懂，大多是浅显的入门书籍。尽管如此，很多对手相有兴趣的读者在看过这样的书后，还是会满脸疑惑地来找我，希望我能为他们作解答。

每次帮人看手相，我总是会有一种很深的感触。在自己眼前，且是自己身体一部分的手相，虽然它可以代表一个人，但大家因为看不懂手相，而失去了了解自己的机会。如果每个人都能更了解自己的话，就可以适时地掌控命运，拥有更轻松、快乐的生活了。不过，话说回来，手相的世界其实非常复杂，有很多需要学习的东西。当然，经验的累积也是必要的。就如同前面提过的，不同的人会拥有不同的手相，所以就算是已经看过几百、几千人的手相，仍要不停地持续研究才行。因为手相是这么深奥的学问，一般人想要钻研透彻实在很难。

有没有什么东西是具备简单明了的标准和界线，让我们能为自己占卜呢？这正是《全日本都在玩的手指识人术》这本书的出发点。

一目了然的手指占卜

我在研究手相时，最容易懂、最好记的，就是不同长度手指所代表的差异性。因为“长、短”具有较明确的基准，无论是谁都可以立刻分辨出。只要一眼就能看出哪根手指较长，哪根手指较短；如果想要更精确，只需要一把尺就能知道结果了。

藏在每一根手指里的命运，可以告诉你什么才是“真自我”。不同的手指组合，还能表示你的行为模式是基于何种原理。

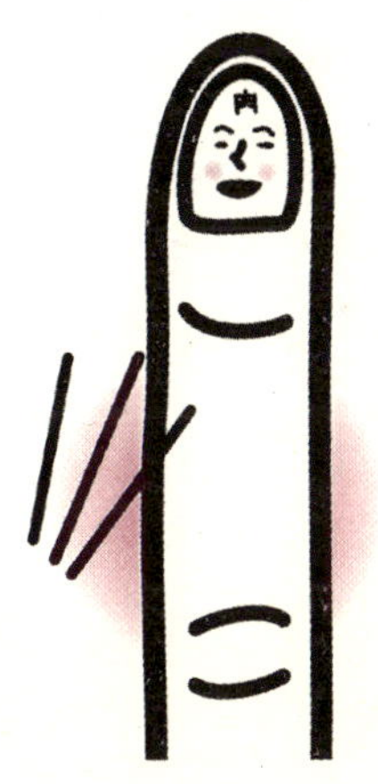

通过手指占卜，无论是谁都可以一目了然地认识自己。

借由《全日本都在玩的手指识人术》，可以凸显自己的优点，改正自己的缺点，是具有实践效果的识人术。

不再迷失于“认识自我”

“在某个地方，应该有一个真正的我！”

心存这种想法的你，是否曾经为了找到真正的自我，而刻意去尝试一些没有意义的事情，把自己丢到充满压力的环境中呢？或是没头没脑地拓展自己的兴趣领域，不停地换工作，谈着没有结果的恋爱？

那都是因为你并没有了解真正的自己，才会做出上述行为。这种没有计划性的行为就是所谓的乱枪打鸟。的确，在重复的失败、错误中，很有可能在某一天终能找到真正的自我。但是，只要子弹还未正中红心，时间就会飞快地流逝，等到你终于发现真正的自己时，恐怕你的人生已经进入下半局了。

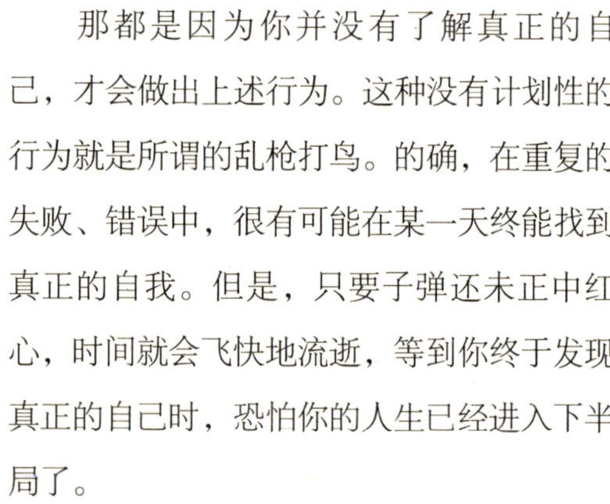

若能了解自己是个什么样的人，相信将能够更有效率、更迅速地享受人生。为了不多走冤枉路，请仔细地瞧瞧你的手指，聪

明地利用手指占卜吧！通过正在翻阅本书的你的手指，就能寻找真正的自我旅程的终点站。

在莫里斯·梅特林克（Maurice Maetrlinck）所著的《青鸟》书中，吉尔和梅蒂两兄妹一直四处找寻幸福，走遍了许多地方，却怎么也找不到。直到回到家后，他们才终于发现家里早就有一只幸福的青鸟。其实，你的手指就能以最近距离告诉你幸福所在。

目 录
CONTENTS

第8章 食指与无名指所代表的恋爱模式 085

第9章 从无名指与小拇指看出你的美感与才能 107

第12章 隐藏在中指与小拇指里的工作运 143

第13章 抓住幸福的手指、指甲的保养 155

第1章

手指占卜的神秘

——出生前就藏在手指中的秘密

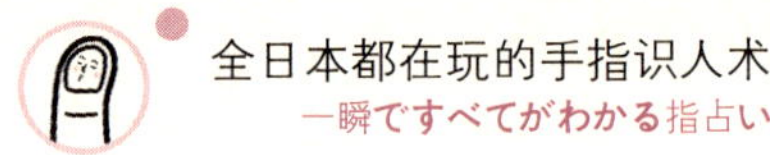

用手指来占卜，简称“指占”

赶快看看你的手！惯用右手的人就看右手，左撇子就看左手。这是因为在日常生活中，习惯使用的那只手会比较发达、灵活。虽然我们潜藏的运势多会出现在不惯用的那只手，但是为了了解现在的你，请先以惯用的那只手为基准。潜藏在这里面的运势，刻画着你到目前为止的成长过程。

当然也可以试着和朋友互相比较。

一般来说，五根手指头应该是中指最长，接下来是无名指和食指。小拇指是最短的，而大拇指与其他四根手指的位置差距最远。

和其他人比较过后，多少会发现手指的长短都有些不同。甚至有的人自己的左手和右手就差很多。

为什么每个人手指生长的程度会有所不同呢？

就连刚呱呱坠地的婴儿，手指长度也会因人而异。到底是什么原因，才会造成这些差异呢？

把“自己”紧握在手中的婴儿

手指的长度其实和身高一样，都是由骨骼决定的。

小婴儿还在妈妈的肚子里时，受到爸妈的遗传，以及各种激素的影响，一天天健康地成长。从最近的研究报告得知，手指生长的程度会受到男性激素及女性激素影响，也就形成每根手指长度有所差异的现象。

怀孕七周后，胎儿手指骨骼长度的比例，几乎已经和成人无太大差别了。之后，手指慢慢地变长。到了怀孕第四个月时，手指的比例就已经和成人相同了。这时候的胎儿身长只有十厘米左右，重量也只跟一颗奇异果差不多，但是他的手已经和大人一样，拥有完整的形状及比例。

等到生产前的五个月，在妈妈肚子里的胎儿指纹就定型了。受到激素的影响，胎儿的骨骼不断成长，手掌中的掌纹慢慢出现。刚生下来的小宝宝紧握的双手中，就已经隐藏着他未来人生的各种可能性和才能。

离开妈妈的肚子，一直成长到现在的你，除了尺寸从小变大之外，手指的比例或每根手指的长短差异是完全不变的。只不过，若是因为运动而过度使用双手，或是常做一些必须利用手指的事情、工作，就会让手指变得更加敏捷发达，手指的长度或比例就可能因此产生些微变化。

请再一次仔细地端详你的手指。这双手从在妈妈肚子里的胎儿时期开始，就已经大致确定它的形状、比例了。所以，在你来到这个世界以前，掌握自己命运的手，就是现在你眼前的这双手。

手指占卜是手相的一环

一般来说，所谓的“手相学”就是观察从手腕到指尖的部分，以手掌整体来看这个人的运势及命运。

而手指占卜则是从手相学中，抽出与手指相关的占卜技巧，以前人各种经验加上新的医学资讯为基础，成就一种简单明了、人人都懂的新形态手相占卜。

一位占卜师在帮人看手相时，一定会一次看整只手的外观；除了手掌之外，当然也会观察手指的长度或形状、手掌的厚度比例、整体的样貌及指甲等，这种整合性的判断方式才是真正的手相占卜。正因为这样，如果不是累积多年经验及学识的占卜师，从他口中听到的内容可能会让你觉得模棱两可、似懂非懂。

因此，《全日本都在玩的手指识人术》就是要达到大家都能替自己测算的目的，所以将重点放在容易比较、判别的手指长短上。因为手指代表这个人的气质及个性，在手相学中是十分重要的。尤其手指骨骼的成长受到遗传的影响，更能清楚地看清自己的个性。

手相的历史——源自印度，遍及世界

在正式进入手指占卜之前，先让我们来稍微谈谈“手相”吧。

到底是谁最先注意到双手所蕴藏的神秘性的？这点现在已经无从得知了。但是，仔细追根溯源，最早开始看手相的技术应是来自印度，大约在四千至一万年前的史前时代就已经存在了。

从那之后，手相从印度传到希腊、中国。其后，欧洲和亚洲地区也都发展出独自的手相学。希腊的哲人亚里士多德（Aristotle）曾经提及手相是最古老的技法之一。他本人也十分热衷于研究手相，甚至在1490年出版的《亚里士多德的手相术》一书中，统整、收录了他所研究过的内容。另外，以看手相来观察他人而闻名的，还有恺撒大帝及亚历山大大帝。据说，在他们高明的政治手腕中，其中一个秘诀就是利用手相学。

在欧洲，手相的技术辗转传遍各地，成为大家私底下竞相学习的技术。直到19世纪，手相学才正式浮出水面，开始引起大众的注意。进入20世纪后，我们现在所看到的西洋手相学，正是当时形成的大致框架。

手相学传到日本是在平安时代（794－1192），当时，从中国传进许多文化，手相学就是在那时候一起来到日本的。它的神秘性使得许多学者及宫内的大臣纷纷着迷。但是，这时候的占卜技术仍是秘密进行及传授的，真正的普及要等到江户时代（1603年－1868年）末期。此时，日本从中国引进发展较完整的手相学，从中继续深究、开创属于日本的手相学。现在，更因融合了西洋的手相学而更加完善。此外，遗传学的研究结果也加入手相学中，为其开创了更崭新的概念。

了解基本的手相

只要提到“看手相”，相信大多数人的脑海中就会浮现出手掌纹路的画面吧。

手相所要看的几条重要纹路，有像“て”形状的智慧线及生命线、智慧线上方的感情线、在手掌中央呈纵向发展的命运线、小拇指下方侧边的婚姻线。

智慧线是从大拇指和食指中间为起点，横跨手掌。毕竟没有人会拥有完全相同的智慧或知识，所以智慧线的类型也会因人而异。基本上，智慧线和生命线起于同一点是平均的标准，这样的人代表拥有优秀的智慧，只是太过谨慎，容易让机会流失。如果智慧线的起点位于生命线上方，代表此人独立心旺盛，能够以自己的智慧当做武器，但是也会因此引发较多冲突。而起点在生命线下方，且与生命线交错的人，表示比较神经质，容易因为想太多而显得消极。如果有两条以上的智慧线，就暗示你拥有神秘的能力或多样性的才华，适合在专门领域发展或拓展各类才能。

和智慧线几乎始于同一起点的生命线，是从大拇指的根部附近侧边出发，像画出一个圆弧般，一直延伸到手腕处。生命线除了表示寿命及健康状况外，也隐含了会阻碍这两样东西的命运。生命线

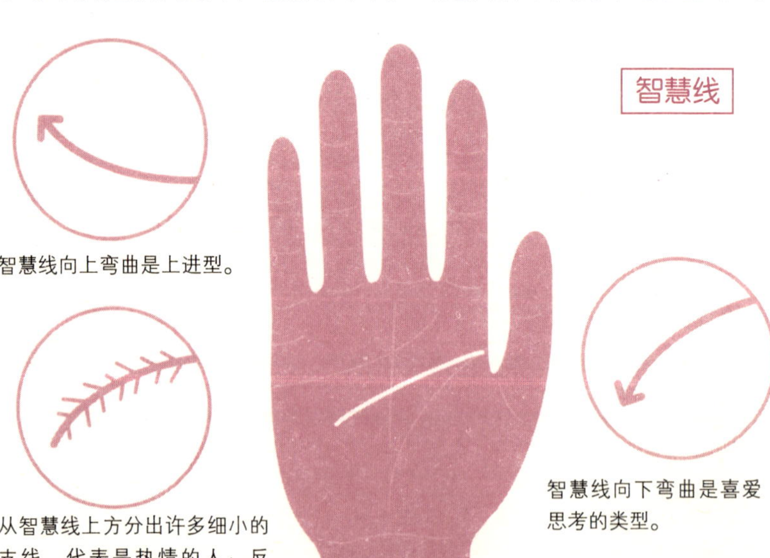

智慧线向上弯曲是上进型。

从智慧线上方分出许多细小的支线，代表是热情的人；反之，下方有小细纹的是比较忧郁的类型。

智慧线向下弯曲是喜爱思考的类型。

的圆弧如果愈往小拇指处扩张、弧度愈大，代表此人的生命力及体力愈旺盛，当然也代表性能力较强。

相反，如果生命线的弧度较小，甚至未到达手掌中心（中指下方）的话，就有体质虚弱、缺乏体力的倾向，在性能力方面也稍弱一点。而生命线愈长，代表愈健康，寿命也愈长。也有人的生命线一直长到手腕处，或弯弯曲曲地延伸到手背，这种人应是生命力旺盛的类型，如果作好自己的健康管理，想要活到一百岁应该不是难事吧。但是，生命线在中途如果断掉或分开，就是提醒你应该注意疾病的征兆。

不过，其实也不必因为你的生命线短，就变得很悲观。即使生命线比较短，但只要智慧线或感情线等能显示出较好的手相，它们也能为你的生命力加分。手相并不能只因为其中的一条线就立刻断

生命线如果在中途断掉的话，要注意重大疾病。

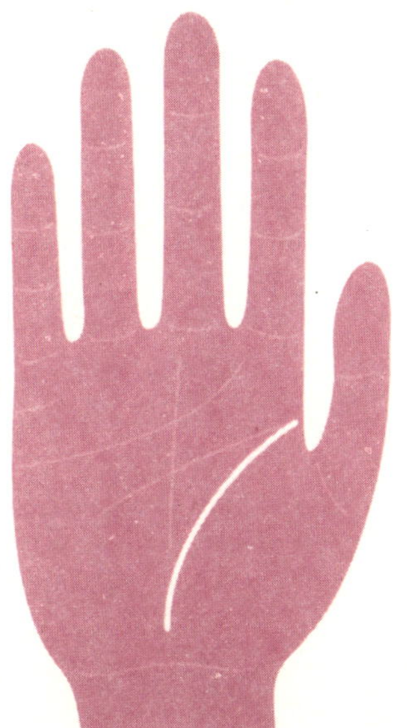

生命线

生命线产生分支时，显示体力倍增。

言，其实每条线之间都有一定的相关性。

感情线是以小拇指下方为起点，在智慧线的上方横向发展。它象征情绪的喜怒哀乐，表示感情的主导模式。另外，感情线也能告诉我们此人的心理健康状态及为人处世情况。

感情线愈长表示情感愈丰富，美中不足的是，较可能产生男女间感情的问题。这样的人虽然恋爱运很强，但也容易和对方发生争执、吵架。

有的人感情线上面会出现一些细小交错的线，这些小支线如果出现在感情线上方，可以为你的恋爱运加分；反之，出现在下方的人，暗示你可能属于心血来潮的多情种子。这种人容易招来异性的怨恨，所以适可而止才是上策。

婚姻线会出现在小拇指下方，是位于感情线上方一条短短的

感情线

感情线上端出现小支线，代表恋爱运UP。

感情线下端出现小支线，代表是多情种子。

线。它不仅表示你的结婚运势，也会暗示恋爱、不伦之恋或外遇等现象。所以，婚姻线可象征男女关系的一般状况。有的人婚姻线不止一条，可能很多人会误以为这就是结婚次数的征兆，其实那只是一般的世俗之说。婚姻线的数量应该是代表恋爱机会的多寡，以及结婚机缘的强度。

最后，命运线并没有一定的起点，但有固定的终点。命运线一般是朝向中指的根部附近延伸。有人的命运线是笔直的一条线，但也有人是从靠近大拇指或小拇指处出发，再往下延伸的。就像是它的名称一样，命运线象征此人的命运，可以判断这个人需要多少努力，或是人生命运会产生什么变化。

如果你的命运线是从手腕笔直地延伸到中指根部的话，在日文中称做“天下线”，就代表你拥有夺取天下、掌握政权的运势，人

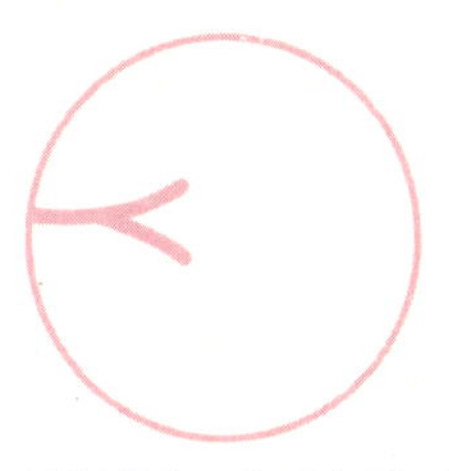

婚姻线岔开为两条时，是分居或离婚的暗示。

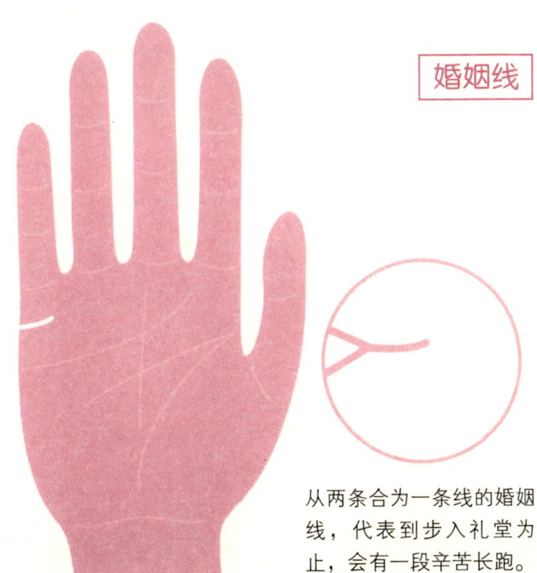

从两条合为一条线的婚姻线，代表到步入礼堂为止，会有一段辛苦长跑。

生中会时时伴随着幸运。命运线以生命线为出发点的人，是积极的努力派，可以靠自己的力量开拓属于你的人生。

从小拇指下方为起点的命运线，则是能够得到四周贵人相助的运势，属于受人提拔的类型。只是这种人的运势也显得较不稳定，如果过于自大的话，反而会使好运擦肩而过，所以唯有保持谦虚才能提升你的运气。

上述一般人较熟悉的几条纹路，再加上一些细小的记号，我们统称做“掌纹”。不过，有人的掌纹很深、明显易见；有人则是淡到难以辨识，尤其是女性通常需要询问专业的算命师，否则很难自行判断。掌纹因人而异，有的人会相差十万八千里，所以具有各种无限的可能性。就算是对照图片来看，常常还是有人无法分辨自己到底属于哪一种类型。

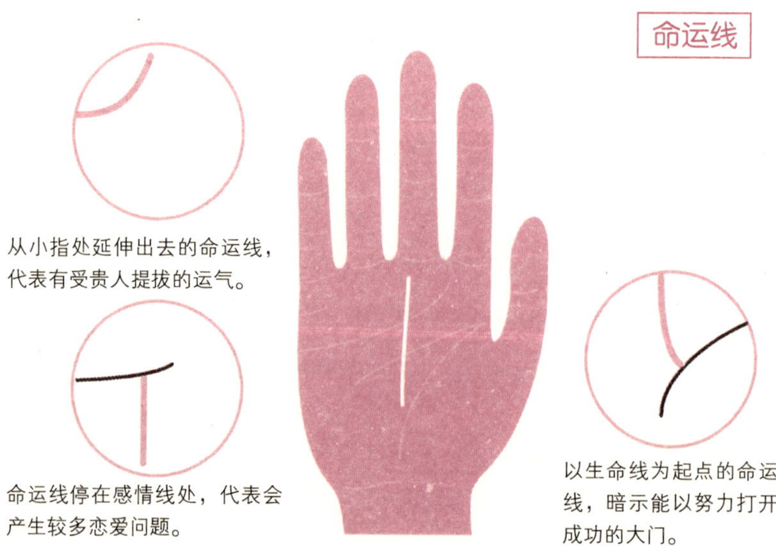

从小指处延伸出去的命运线，代表有受贵人提拔的运气。

命运线停在感情线处，代表会产生较多恋爱问题。

以生命线为起点的命运线，暗示能以努力打开成功的大门。

左右手运势大不同?

当我们看手相时，到底应该以哪一只手为基准呢？其实每一家流派都有不同见解。如果是学习西方手相学的人，通常会习惯看左手。而以较古老的手相学来说，可能是主张男左女右。

现在已经不再那么硬性规定了。左右手的手相会随着成长而出现差异性。因为惯用的那只手使用频率较高，手相的变化当然也比较显著。以惯用右手的人为例，右手的手相就代表人生经历的累积，左手则还残留着先天的性质。正因如此，同时看左右手并互相比较，才被现代手相占卜视为最正确的方式。

另外，惯用手也可显示哪一边的大脑比较灵活。右脑掌管左手，左脑掌管右手，这在神经联结的解释上已经获得清楚的证实。人类祖先的猴子并没有所谓的惯用手，而是右手与左手几乎同样灵活；反观人类则是变成惯用右手，而左撇子较少见。

这是因为在进化的过程中，掌管逻辑推理的左脑发展较迅速，才会形成多数人惯用右手的现象。因此，右手的手相占卜可以看出左脑所掌管的理性部分，亦即为自己所选择的人生来占卜。而左手就是显示右脑所负责的直觉部分、先天的命运。惯用右手的人，如果右手的手相显得相对复杂，代表你的理智较强，具有克服命运的力量；而左右手的手相若无太大差别，就可以直接顺从掌管先天命运的那一方。话说回来，无论是跟随哪一家门派，手相学还是左右手都需兼顾，两者皆重要！

能够抓住幸福的漂亮手指

你知道什么是所谓的“黄金比例”吗？它是指一个物体看起来最完美的比例，这定律在许多东西上面适用。所以，手指当然也有黄金比例，虽然并没有特定的数据来呈现这个比率，但是有理想的手指形状。

首先，理想的第一印象就是手指整体呈现平顺笔直的状态，但并不是愈长愈好。手指的长度、粗细及肌肉的分布都是很重要的。不过粗也不过细且平顺笔直的手指，就会给人亲和的印象，这种人对外会显现出比较柔和的氛围，所以也容易让人接纳。

但是，尽管手指的整体形状良好，但表面色泽不好的话，可能会使得运势下降。理想的色泽是呈现红润的健康肤色，且手指表面有充分的滋润度及光泽度。每个人的肤色大不相同，但也不是愈白皙就愈好。皮肤白皙的人，若是手指不红润，呈现惨白发青，就会给人不够健康的印象。呈现粉红肤色的健康手指才是重要的。因为手指是血液循环的末梢，所以此处容易有血液停滞的现象，也就会造成手指色泽不佳的状况。就像是拥有好脸色、精神焕发的人通常比较受欢迎，具有健康色泽的手指才会有吸引他人目光的魅力。

另外，前面提到的手指形状或色泽就算都具备了，如果手指肌肤缺乏紧致度还是很可惜的。例如，手指肌肉分布均匀，但缺乏弹性，代表元气衰弱、运势低迷。但也不是鼓鼓的、肿肿的就好。当你身心疲惫时，手指会因为循环不佳而水肿。所以手指过度紧绷肿胀时，休息是必要的。可以洗澡或泡澡以促进血液循环，或是利用

按摩来解除水肿现象（详见“第13章——抓住幸福的手指、指甲的保养”）。

最后一个手指黄金比例的条件是柔软度。将双手用力伸直时，手指前端愈跷，代表此人愈具有临机应变的特质。手指具有柔软度的人，就算个人的运气有所变动，也不会轻易地被命运所左右。这样的人不会因为顽固而招来不好的运势，就算运势看涨也不会因此过分自满，是能够克服瓶颈、精确抓住机会的类型。

肌肉分布、色泽、肌肤弹性、柔软度，综合以上各点才能评断手指的“黄金比例”。漂亮的手指可以在各种情况下为你带来幸福、掌握幸福哦！

疲倦的手指会招来坏运?

与黄金比例相对，也有的人是属于“黑暗比例”的手指。

例如，手指虽然纤长，却细到没有什么肉；或者是就算有肉也只是虚胖、没有弹性的肥肉，这都会给人不健康的印象。另外，本来应该是笔直纤长的手指，却在某个关节处变得僵硬，无法直直地伸展，就像是驼背一样呈现弯曲状态，这种现象也不算好。

这一类的“疲倦手指”，常会让你的运气变差，甚至错失良机。

人的手指会使用在许多手势上，与人面对面而坐、双手放在桌上时，双手就成为与对方距离最近的一部分。因此，我们就会忍不住注意对方手指的自然动作及整体外观。假设坐在你眼前的是个完美对象或绝世美女，但她的指尖干燥粗糙或显得不健康，此时你会对她产生何种印象呢？因为与你的想象有差距，所以会开始觉得不安或担心，就此留下不好的印象吧！大家都用“会说话的眼睛”来形容我们的灵魂之窗，请别忘记手指比外表更能代表一个人。

作好健康管理，每天按摩自己的手指。让自己拥有漂亮的手指，也能为你带来快乐的人生。

第2章

手指占卜的判断方法

——测量每根手指的长度

STEP 1 测量中指的长度

首先，测量当做基准的中指长度。先量量手掌的纵向长度，以这个数据为100%，再接着量中指的长度。若以手掌的长度为100%，中指的标准长度大约是其75%～80%。少于75%的就是“短中指”，多于80%的就是“长中指”。只测量出大概的长度自然也没关系，但是若想得到确切数据，可以利用随书赠送的“指占好运尺”来测量。

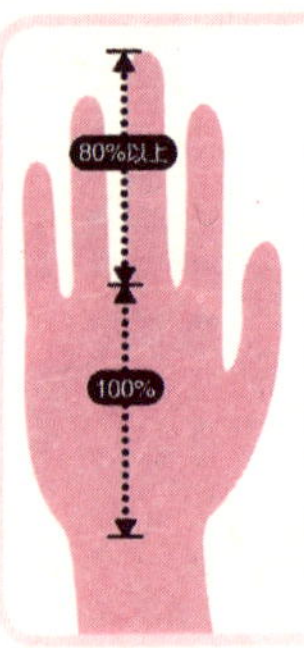

长中指
以手掌长度为100%，超过80%的就是长中指。举例来说，若手掌长度为10cm，而中指长度超过8cm的人就是这一类型。

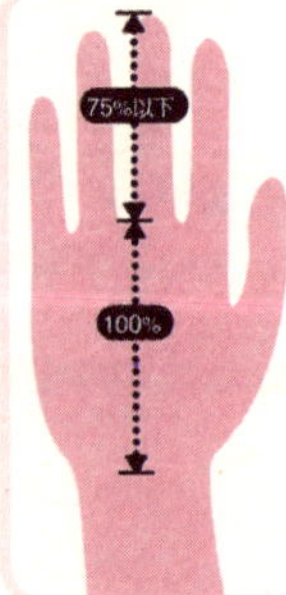

短中指
以手掌长度为100%，少于75%的就是短中指。举例来说，若手掌长度为10cm，而中指长度在7.5cm以下的人就是这一类型。

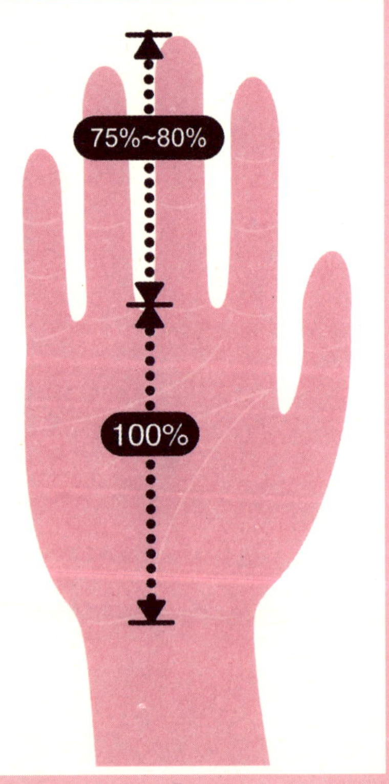

STEP 2 测量食指的长度

接下来要测量的是与中指相邻的食指。

将手指并拢，从手背来测量。如果食指的最前端在中指第一节（最前端到第一个关节）的正中央，就算是标准的长度。如果比中指第一节的正中央还多出两毫米，就称做“长食指”；反之，未到达正中央的就是“短食指”。若是觉得很难判断，可以看看食指是否到达中指指甲的根部，如果有的话就是标准长度。

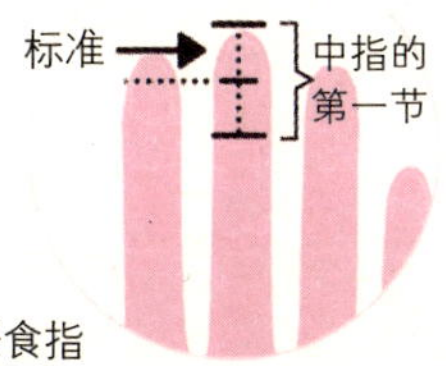

长食指
与中指比较，食指的最前端多于中指第一节的正中央。

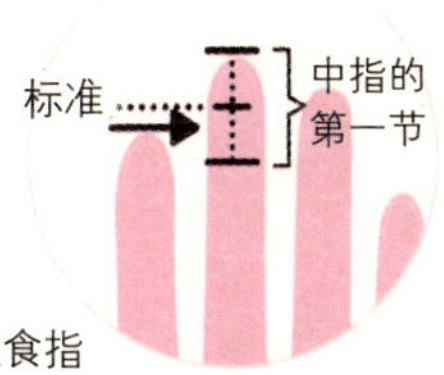

短食指
与中指比较，食指的最前端短于中指第一节的正中央。

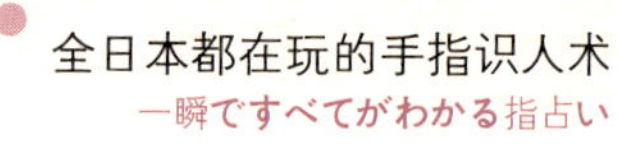

STEP 3 测量无名指的长度

无名指的方法也和食指一样，中指与无名指并拢，从手背测量。无名指的长度如果落在中指第一节的前端三分之一处，就是标准长度。如果比中指第一节的三分之一还更靠近指尖，就是所谓的“长无名指”。如果长度未到中指第一节的前端三分之一处，就是“短无名指”。

长无名指
与中指比较，无名指的前端比中指第一节的三分之一处还靠近指尖。

短无名指
与中指比较，无名指的前端尚未到达中指第一节前端的三分之一。

STEP 4 测量小拇指的长度

保持五根手指并拢，接下来从手背上测量小拇指的长度。如果小拇指的前端跟无名指第一节的皱褶部分对齐，就是标准的长度。

无法立刻判断长或短的人，请利用本书所附的刻度尺。如果差距只有一毫米左右，大可不必在意，但是若差了两毫米以上，就可以判定为“长小指”或“短小指”了。

长小指

与无名指比较，小拇指的前端多出无名指第一节指的皱褶部分。

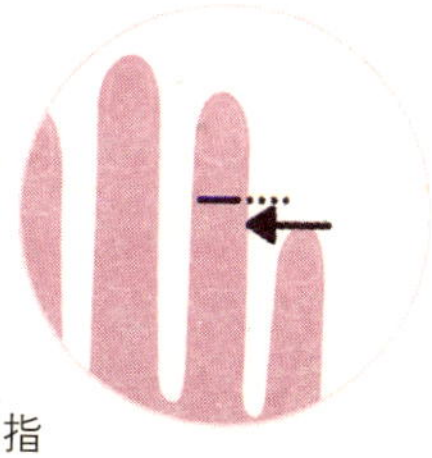

短小指

与无名指比较，小拇指的前端短于无名指第一节的皱褶部分。

标准

STEP 5 测量大拇指的长度

将大拇指自然地微微向食指靠拢，不要故意出力。在此状态下，大拇指的前端比食指的第二关节稍微短一点点就是标准长度。如果大拇指已经到达食指的第二关节，或是比它还要长，就是“长拇指”。如果大拇指只到食指的第三节（第二关节到第三关节的部分）中间左右，就算是“短拇指”。

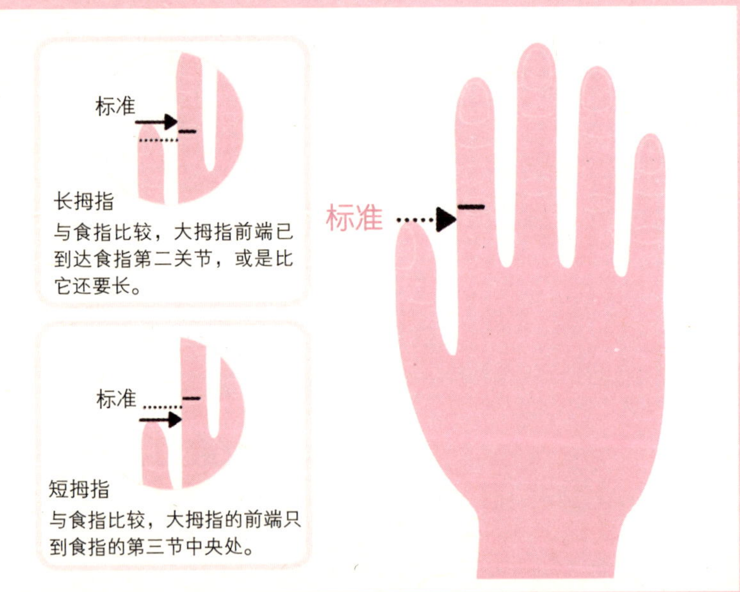

现在，你已经知道自己每根手指的长度了，接下来就可以试着看看每根手指的意义，以及藏在手指中的秘密了。从每根手指不同的长短差距，可以发现许多不同的自己。

不同手指的组合，还可以占卜你的性格或是恋爱运，了解自己是属于哪种类型的人，也可以掌握自己的命运！

第3章

大拇指

你的运势就在大拇指上

●大拇指可以直截了当地说明自己的为人。

●请不要故意施力，将大拇指自然地向食指靠拢。

●从手背来判断，大拇指前端比食指第二关节稍微短一点的就是标准长度。如果大拇指已经到达食指的中央或以上，就是“长拇指”。而大拇指只到食指的第三节（第二关节到第三关节的部分）中间左右，就算是“短拇指”。

●整根手指各指节的长短分布也暗藏玄机哦。

大拇指的神秘性

大拇指的看法

标准的长度是大拇指前端大约落在靠近食指的第二关节下方一点点。
大拇指各指节的平均理想分布，应从大拇指与手腕交接处的根部算起，最上方的第一节是20%，中间的第二节点30%，最下方的第三节为50%。符合以上数据的话，就是标准的大拇指。

同样位于最外边，与小拇指方向正好相反的是大拇指，在日本也称做“亲指”或“爸爸指”，两者皆是表示父母亲的意思。在日本，路上偶然路过办丧事的人家，或有丧葬队伍经过时，有人会有将大拇指藏起来的习惯，表示一种迷信的护身符象征。

将大拇指用其他四根手指包住、藏在手掌心里，是希望与死相关的事物可以远离自己的双亲，或是祈求自己与父母亲的缘分不会轻易断掉。虽然的确是一种迷信，但我们可从这个小动作中，隐约发现大拇指代表了自己与双亲的缘分深浅。

至今，虽然日本盖印章的文化已经很普遍了，但是以大拇指押印的人仍然不少，也就是利用大拇指（有时候也可能会使用食指）来代替私章。它是以指纹来指认本人的方法，当然其中也隐含了手指才能代表这个人的意义。另外，也可说是用手指押印的方式来表示个人意志。

竖起大拇指的手势叫做“thumb up”，它本来是一种西洋文化，是“good”的意思，也表示“太好了”、“太棒了”……这个手势在日本已经十分普遍。另外，我们常可在电影里面，看到有人在路边想搭便车时，也会做出这个手势。

相反，为了表示“bad”的意思，“booing”就是将竖起的大拇指朝下、挥动拳头的手势。

通过上述这些手势或讯号，可了解西方人是用大拇指来表示他们的意志。大拇指往上竖起时，就代表肯定，但若往下，则是否定的意思。

其实，无论是东方的亚洲或是西方的欧美，大拇指象征“意志”的这个现象，实在是意义深远啊！

大拇指象征的是——
外在的人格、反映内心的行为

不同于其他手指相连在一起，大拇指是很独立的。就连它弯曲的方向都和其他四根手指不同。只要靠着大拇指支撑使力，我们的手就能牢牢地抓住东西。正因为这样，在五根手指中，大拇指是最重要的，它代表了“外在的人格”。

据说，大拇指能够反映大脑、内脏及内心的活动。当你身体状况不佳、累积过多压力时，大拇指就会失去弹性及紧致度，好像一副弱不禁风的样子。相反，如果是健康、有精神的大拇指，就表示身心都处在健康状态中。

标准拇指：

具安定感的可靠之人

所谓标准拇指，就是灵活度适中，不短也不长，每个指关节的长度分布都很标准，代表意志、理性与感性的调配都很均衡。

这样的人很坚强、可靠。一旦决定了目标，就会开始一步步地计划，冷静沉着地坚持到最后一刻。而且能够为他人着想，所以常得到别人的协助，支持者众多。在人际关系中，他们总是可以站在适当的位置，不会过于引人侧目，但也不会被埋没在团体中，会适度地让人感受到他的存在。

拥有标准拇指的人，不会太过好强或是情绪不稳定，基本上是冷静稳重的类型，也没有太强烈的感情高低起伏。不过，当面对一个号啕大哭或是因为生气而情绪不稳定的人时，可能因为他们的过度冷静，对方会觉得没有同情心或冷眼旁观。所以，有时候稍微夸张一点的反应，应该能避免一些麻烦。

虽然标准拇指类型的人内心仍有热血因子，但看起来还是会较冷漠。

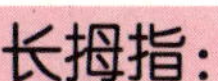

意志力坚强的顽固家伙

比标准大拇指稍长的人，是比较理智、意志力坚强的类型。这种人能够聪明地克制、压抑感情，冷静地待人处世。现实主义者的你，社会适应力很强，只要是到了你手中的事情，就一定有很高的成功率。

但是，过长的大拇指很容易使人变得顽固。因为总是把自己的意志、想法摆在第一顺位，常常和周遭的人发生争执，而因为过度倔犟而吃亏的例子也不少。虽然脑筋转得很快、很灵活，但也容易失去随和的协调性。

观察力十分敏锐，很懂得事物的本质及解决方法。但就是因为一心一意只想贯彻自己的意见，所以会与他人发生冲突。如果你觉得常常惹麻烦，那就稍微克制一下自己的任性。只要懂得退让的道理，相信对方就会适时让步。

因为拥有超强的意志力，所以愈是近在眼前、唾手可得的目标，反而会适得其反；相较之下，愈困难崇高的目标，愈能做得好。是属于抱持崇高理想才更能发挥能力的类型。

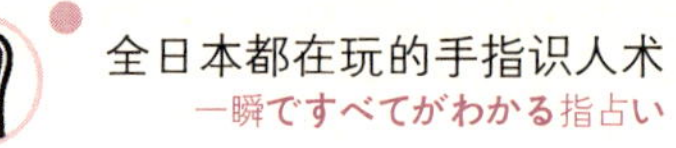

短拇指：

感性的撒娇鬼

属于容易变得软弱、受感情左右的类型。常因为意志力不够坚定受到他人左右。也不擅长陈述自己心中的想法，因而累积不少的压力。

这种类型的人因为感性胜过理性，所以感情丰沛、泪腺发达、充满同情心。但是，也要小心别人看透这点而利用你。

拥有一颗温柔慈悲的心，就算被骗也不会抱怨或反抗。通常会等到事后才找朋友大哭一场，叙述自己愚笨的行为，这都是短拇指类型的特征。

喜欢撒娇的个性，常常让你无法下定决心。虽然热情满分，但缺点是容易放弃，动机瞬间冷却。

这种人尤其容易在男女关系中产生问题。一下子就投入太多感情，所以受伤的几乎总是自己。就算你心知肚明，但仍是会被感情牵着鼻子走。因此，你绝对需要一个任何事情都能找他商量的知心好友！

藏在大拇指各指节的关键词

从指尖到第一个关节的部分（第一节）象征“意志的力量”。此部分所占比例愈长的人，在处理事情时，愈能有坚持到最后的力量及意志力、耐心。

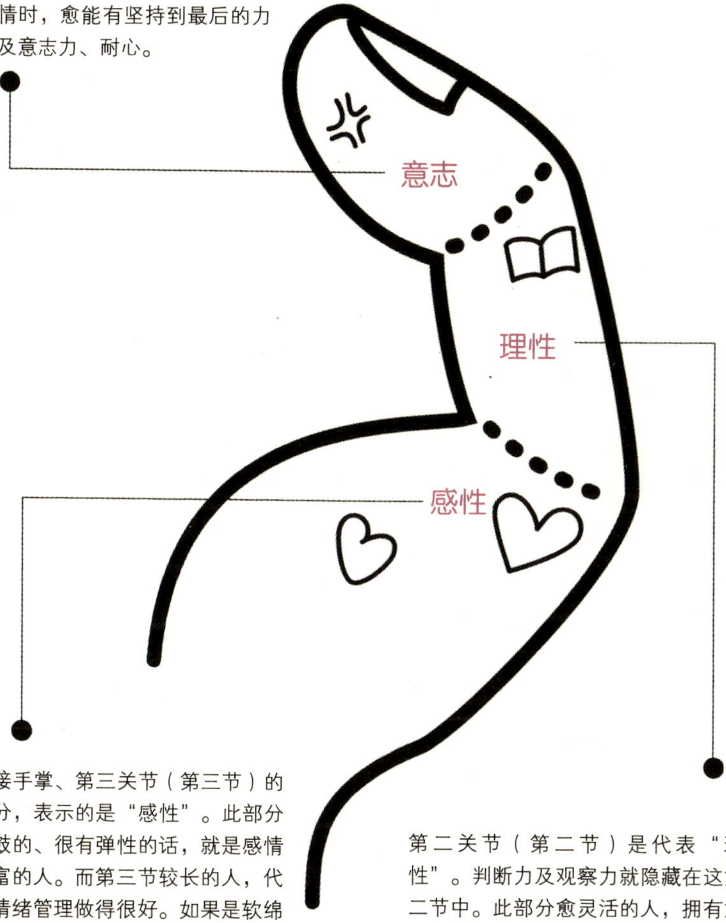

意志

理性

感性

连接手掌、第三关节（第三节）的部分，表示的是“感性”。此部分鼓鼓的、很有弹性的话，就是感情丰富的人。而第三节较长的人，代表情绪管理做得很好。如果是软绵绵没有弹性的话，代表容易感情用事，请特别小心。

第二关节（第二节）是代表“理性”。判断力及观察力就隐藏在这第二节中。此部分愈灵活的人，拥有愈多敏锐的理性，相对来说，意志力也可能会减少一些。

大拇指所代表的其他特征

大拇指短短胖胖的人是什么个性?

大拇指看起来胖嘟嘟又短短的人，具有温和稳重的气质。不会因为莽撞而使自己的感情过度爆发。在意志力方面，属于庄重沉稳的类型，所以自己的意志也不会轻易动摇。如果大拇指又胖又长的话，代表拥有能抓住成功机会的神秘力量。

从大拇指的胖瘦来看意志的强弱

大拇指较细的人，容易表现出意志脆弱的一面。遇到困难的时候，动不动就立刻放弃，所以不适合面对争夺胜负的比赛。大拇指又细又短的人，就是超级标准的撒娇鬼。而细长型大拇指的人，比较有神经质的倾向。另外，如果以大拇指的宽度来看，愈宽的人自我意识愈强，愈窄的人代表愈有智慧。

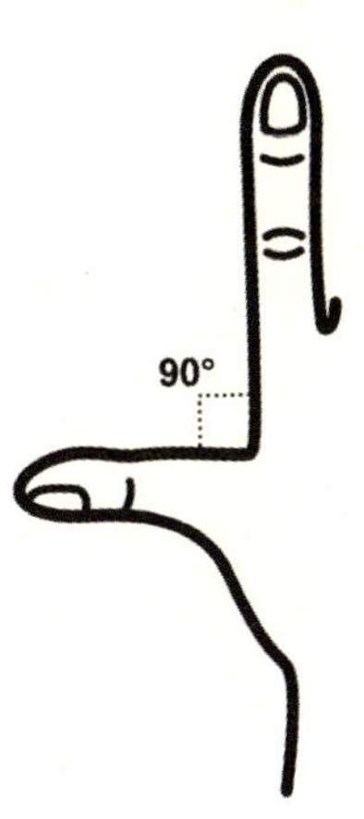

从大拇指的前端来看个人气质

指尖呈现扁平的状态，有单纯气质的倾向。相反，如果是细细尖尖的话，拥有高尚的品格。而指尖宽厚如扇形的话，也就是所谓的“青蛙指”，其特征是比较固执。

从大拇指的角度来看人格的分布状态

将大拇指瞬间用力张开，与食指所形成的角度若是直角，代表人格状态取得良好的平衡，其意志力、理性、感性都能发挥得恰到好处。

如果小于90度或无法张太开的话，代表人格上的功能不够平衡。因为本身拥有的各种能力无法发挥其协调性，所以容易造成自己无法预测的失败。

如果具有良好的柔软度，可以张开到90度以上的人，代表临机应变的能力很强。能够衡量当下的状况，适度地调整、控制自己的行为。

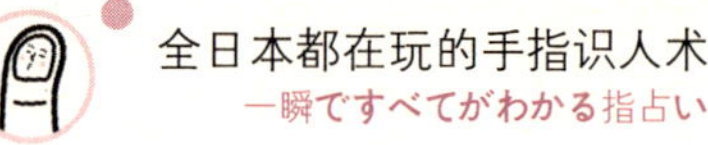

手指小故事

手指是健康的标志

我们常常听到人家说血液有“浓稠”或“清澈”之分：若血液呈现浓稠的状态，可能会有因不良生活习惯造成的疾病，而清澈的血液则是比较健康的。以前，总是要大费周章地抽血，用仪器检测，才能知道血液的健康状态。现在最新型的检测仪器，只需要将手指头放进去，就可以立刻看到血液流动的画面，轻轻松松就能作检查了。

这种检查所看的是手指指甲的根部，十条左右的微血管紧密地聚集在此处，并因为当下的健康状态而产生不同变化。这些微血管有时是均衡、紧密地连成一束，有时也会像纠结成团的毛线。当我们的血液变得浓稠时，会很难通过这些细小的微血管，导致它们的形状产生变化。

血液借由心脏的跳动而送出，经过动脉、静脉后再回到心脏，所以手指末端就是血液流动的折返点。而手指末端也可说是离心脏最远的地方，当身体的养分不够时，手指也会最先受到影响。因此，指甲的颜色、光泽、形状及指甲下方的肤色等，都是能够立即确认健康状况的最佳部位。

指甲周围的皮肤有时会脱皮或呈现翘起的样子，这是因为此处本来就没有皮脂腺而容易干燥，再加上血流不畅，很快就会出现这种症状了。尤其是像维生素C或蛋白质等形成胶原蛋白所需的必要养分不足时，特别容易产生这个现象。所以，当指缘出现这个警讯时，请注意调整自己的饮食生活。

以前，大家总认为“指甲周围皮肤脱皮龟裂或翘起就代表不孝”，其实是因为出现此症状时，会让人痛到无法帮父母做事，所以才带有不孝的意思。我们也可以解释成父母给你健康的身体，但你让它变得营养不良，当然算是一种不孝的行为。

第4章

食指

食指暗示你的个性

●食指是用来指示方向的手指，可从你的志向看出自尊心的程度。

●从手背来看食指，较能正确判断它的长度。

●不是单看食指的长度，请与中指互相比较。

●食指的最前端大约在中指第一节正中央的话，就算是标准的长度。

●比上述情形还多出两毫米以上就是长食指，短于两毫米以上则是短食指。

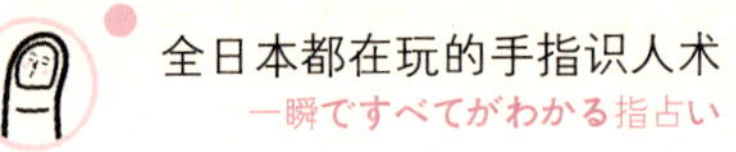

食指的神秘性

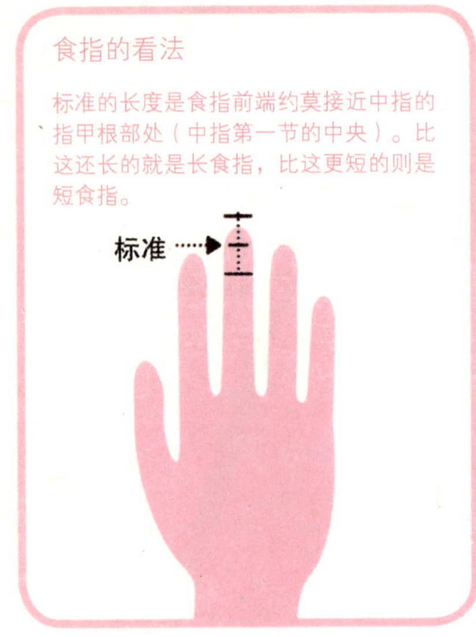

“食指”在日本称做“指人指”。但是，“食指”这个名称的真正来源是什么呢？

这要追溯到《春秋左氏传》里的某个故事。

某一天，郑国的公子姬宋看到自己的食指在动，便告诉身旁的子家：“只要这根手指一动，就代表能享用高级佳肴。”后来，两人一同前往郑灵公的宫廷，正好看到高级的鳖宴。

这段奇闻逸事，产生了“食指大动”这个成语故事。“食指大动”代表享受大餐的前兆，而现在日本则从食欲转为“想要某物”的意思。

其实，不只是食物，刚呱呱坠地的婴儿会使用所有的手指来抓住东西。直到一岁之后，开始会说一些简单的词时，才会只用大拇指或食指来拿取、抓住自己想要的东西。因此，食指就是用来指出自己欲望所在方向的手指。

食指象征的是——
你自己！

食指可用来指向东西、人、方向。所以，食指可以暗示你将前往的方向，也隐含着你的自尊心。

另外，也可从食指看出由自尊心带来的上进心或支配欲。

也有人把食指叫做“初指”、“第一指”，代表的是“最初”的意思。我们在数数的时候，数到“1”时，大多数人应该都是先伸出食指吧。这也代表它是我们最在意的部分。

还有，食指也常常用来传达指示。有人会一边用舌头发出“啧啧”的声音，一边左右挥动食指，这就是表示“不对”的否定动作。或是将食指直立在嘴巴前面，代表希望对方安静的动作。相信大家一定都做过这个动作，一边发出“嘘——”的声音，一边将食指放到嘴巴前面。

虽然在日本不常见，但是意大利人用食指戳着自己脸颊的动作，就代表“好吃”的意思。由此可见，食指常常用来表达自己的个人意志。

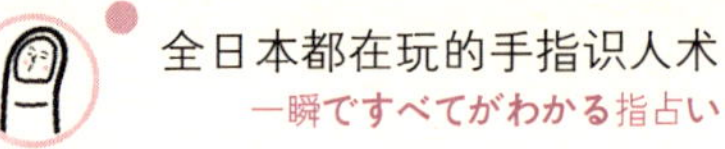

标准食指：

随和的稳重类型

普通标准长度的食指，代表你具有一定的自尊心，但也不会任其摆布、左右，是具备稳定感的类型。而且不会过度低声下气或气馁，或夸大自己的丰功伟业而让他人厌烦。

这种类型的人能够顾虑到周遭的一切，所以具有很好的协调性。但是，也不会故意迎合他人、拍马屁，在重要的时刻仍能贯彻自己的初衷，属于内心十分坚强的类型。能够相信自己，所以不会轻易随波逐流。

这种类型的人没有太强的支配欲望，也不会强烈地命令别人遵从自己的意见。但是，也很讨厌被人命令或无端地颐指气使。而且拥有一颗上进心，能够靠着持续的努力，锻炼、增加自己的实力。他们在团体或组织中可以吃得很开，也能习惯自己一人单独行动，正是因为他们不会受到周遭的人的影响。

但是，这样的人常常对于自己的自尊心毫不关心。所以，可能会在无意识中意气用事，平常待人处世或说话都应保持低姿态才是。

长食指：

受自尊心摆布的类型

食指的长度与自尊心的强度是成正比的。食指愈长，愈有顽固、自以为是的倾向。但是，如果只是比标准食指稍长一些的话，自尊心会转变成正向的力量，能作出与其相称的努力。

如果你的食指已长到几乎和中指一样，要特别注意是否有蛮横不讲理的个性，也许在你眼中不过是件普通的事情，但给别人的感受可能是任性。稍作收敛与保留，才能免去一些麻烦。

不过，长食指也不全是坏事。为了不让别人看见自己难堪的一面，你反而会不断地坚持、继续努力，算是在私底下会认真打拼的类型。只要好好地善加利用这份自尊心，相信你的技能或才艺可以更迅速地提升。

但是，这类型的人一旦有了实力，就很容易自满，或是把其他人看扁。

只要随时记得谦虚，就能不受自尊心影响，获得周遭的好评。

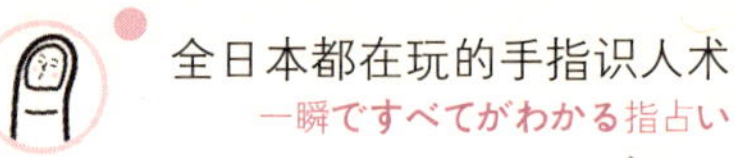

短食指

躲在角落的吃亏类型

这种类型的人对于一切事物都显得很消极。因为由自尊心所建立的自信部分十分弱，所以容易躲起来一个人独自思考，反而导致原本应该到手的机会平白无故地溜走了。

这种类型的人也不是没有上进心，但总在还未表现前，就因“反正我就是办不到”的想法而自动放弃。你的负面想法常常会掩盖想要努力的心情。因为凡事总想先看到结果，希望在一开始就获得评价，所以造成你的信心不够、裹足不前，负面的情绪也不断增高。不论任何事，只要慢慢来，配合自己的脚步，就能让你拥有努力的勇气。

短食指的人必须为自己创造信心的来源。对于任何事情，请一定要有“这点我绝对不会输”的心态。兴趣、资格证照，甚至是服饰穿搭都可以。只要能拥有自信心，相信以往总是轻易错过的机会将会回到你的身边。如此一来，必可抱持积极正面的态度，为自己指引人生的新方向。

藏在食指各指节的关键词

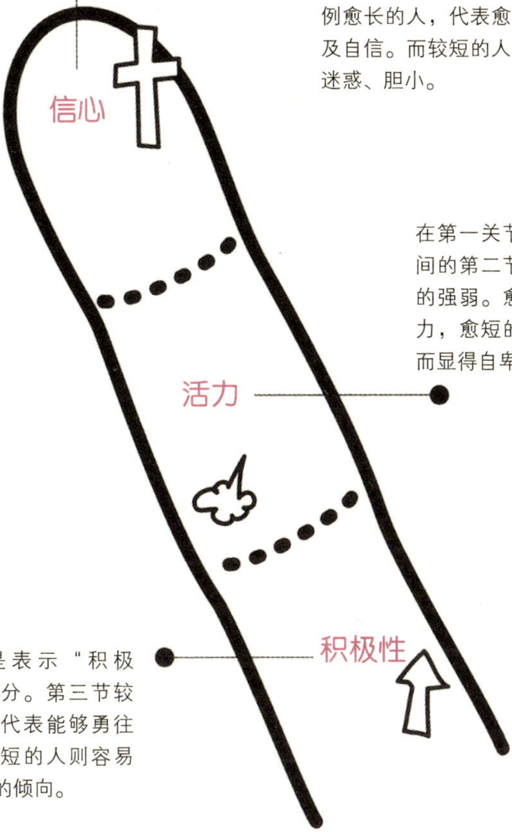

从指尖到第一个关节的第一节，象征“自信的力量”。此部分所占比例愈长的人，代表愈有坚定的信仰及自信。而较短的人，则容易感到迷惑、胆小。

在第一关节及第二关节中间的第二节代表“活力”的强弱。愈长的人愈有毅力，愈短的人则较无精力而显得自卑。

第三节是表示“积极性”的部分。第三节较长的人，代表能够勇往直前；较短的人则容易出现消极的倾向。

如果三个指节的长度都大致相等的话，就是拥有相信直觉、积极行动的力量，也有指导他人、发号施令的才能。但是，很少有人这三个部分的长度都很平均，每个指节长度不同是很自然的。最重要的还是了解属于自己的特征。

食指所代表的其他特征

肉多的胖食指是什么个性?

食指肉多、较胖的人，有较旺盛的权力及支配欲。这样的人在团体中显得很亮眼，能够发挥领导团体的才能。如果是又胖又长的话，相信在社会中十分活跃。而短又胖的人应小心，不能因为在小世界中称王就自鸣得意。

纤细的食指是什么个性?

纤细瘦长的食指，是体贴、和谐的象征。这样的人没有太多支配的欲望，可凭借一颗为他人着想的心来领导人群。

凹凸不平的食指是什么个性?

食指的关节较突出的人，虽然比较理

性，但也是神经质的类型。因此，就算食指再长，如果指关节突出明显的话，容易显得比较消极。

理想的食指形状

最理想的食指形状是指尖略宽、呈现四方形，且肌肉稍多的标准长度。这一类型的人，有颗坦率的心及适度的上进心，而且能够自我肯定，但也不至于因此傲慢自大。

前端较尖的食指是什么个性?

食指的指尖纤细、呈现尖尖的形状，代表拥有非常好的灵感，并能凭借这种灵感来做事。这种敏锐的直觉，使脑中总能浮现他人无法想到的点子，并加以执行。但是，有时也会出现超乎常理的状况。总之，这种类型的人不会在乎权力或他人的评价，算是个奇特的人。

手指小故事

握杯子时跷起来的小拇指

相信大家常可在电影里的用餐情节中看到这样的画面——拿着玻璃杯的手，唯独小拇指是跷起来的。或者是握住细细的高脚杯时，小拇指很自然地就会跷起来。有人说这样的动作是一种基本礼仪，但也有人持反对意见。

在中世纪的欧洲，被视为珍贵物品的香辛调味料，只能用大拇指及小拇指来抓取，并且用水滴沾湿手指，使自己无法一次抓取太多的香辛调味料。直到15世纪的大航海时代结束，进入17世纪后，昂贵的香辛调味料已成为一般人买不起的奢侈品。就连贵族，也无法像现代的我们一样随意自在地使用。因此，跷起小拇指就成了必要的动作。这种习惯也就变成一种基本礼仪。

但是，竖起小拇指的这个动作，在某些欧洲国家有猥亵的意思。在地中海地区，这个动作有侮辱男性生殖器很小的意思。

另外，在日本，竖起小拇指的动作代表女性或情人的手势，算是有失风度的表现。

现在，欧洲的大部分地区认为跷起小拇指是一种猥亵的动作，还是尽量少做这个动作。所以不只是拿玻璃杯，在拿取其他东西时也应小心才是。

不过，拿着东西的手会忍不住跷起小拇指，其实是手的基本构造使然。如果没有特别注意，将会很难改正这种无意识的动作。尤其是在KTV唱歌时，握麦克风的手若跷起小拇指，会特别引人注目，请多加留意。

第5章

中指

潜藏在中指内的运气

●中指可表示你的社会性，暗示实践力、执行能力及应对时的柔软度。

●在手指占卜中，中指是用来与其他手指比较的标准，具有重要的地位。

●正确的中指看法，请与手掌长度作比较。

●先测量手掌直立时的长度，再以此作为基准的100%。接着，中指与手掌互相比较，中指若是在其75%～80%的比例之内，代表是标准长度。超出该比例的就是长中指，少于这个比例则是短中指。

中指的神秘性

中指的看法

以手掌长度为100%，标准的中指在其75%～80%之内，多出80%的就是长中指，少于75%的则是短中指。

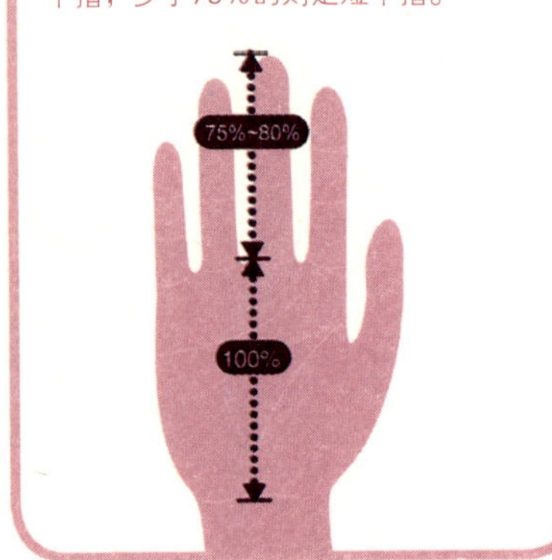

虽然竖起大拇指是代表正面的意义，但若对着别人竖起中指，你可能会因此惹上麻烦。在日本，竖起中指已经成了代表“fuck”的意思。也许东方人会认为这个动作只是开个小玩笑，但是对欧美人士来说，这是一种极大的侮辱，因为对他们来说，中指象征男性的生殖器，所以应该特别谨慎。

中指还有其他许多称呼方式，像是“哥哥指”、“长指”、“高高指”等，都是用来描述中指很长的特征。因为它是在五根手指的正中央，所以我们才称它为“中指”。在手指占卜中，中指具备中心地位的重要性，是测量其他手指长度时的比较基准。

据说，中指里面住着守护神萨图尔努斯（Saturnus），当我们受到他人憎恨时，它能保佑我们免于这场灾难。萨图尔努斯是罗马神话中的神，英文称做“Saturn”，也有土星的意思。手相学认为从手掌可以看见整个宇宙，大拇指下方的隆起处就是金星丘，食指下方则是水星丘，在每根手指下方都各有一颗行星，而中指就是从土星丘延伸上去的指头，所以也有人称其为“土星指”，一般也认为中指是受到萨图尔努斯的保护与庇佑。

因此，右手的中指能够去除邪气，左手的中指可以改善人际关系。只要想加强哪部分，就在那只手的中指上戴上戒指，就能够提升效力。

也有人说，右手的中指象征灵感，所以在参加比赛或赌博时，在中指上套上戒指就有赢的可能。但是，右手的中指若戴上戒指，也有正在寻找男女朋友的意思，可能会因此产生误解，还是小心为妙。

中指象征的是——
面对现实的能力指标

五根手指中最长的中指，其高高在上的姿态就像是山峰的顶点。感觉比其他手指高出一“头”的中指，里面就隐藏着你的“社会性”。从这里可以看出，当你面对现实状况时，会采取什么态度，作出什么判断，是否有执行能力等。中指就是强烈显示“工作运”的手指。

另外，中指也是自己的象征。现在，将你的手掌打开，用力地伸直所有的手指！在手相学里面，此状况下如果中指比较靠近无名指的话，代表与家人间的关系深刻，也较常依赖家人；相反，若是中指靠近食指，则是与外人或朋友的关系较亲密。

标准中指

身段柔软、有常识的人

手掌与中指的分配比例适中的话，代表你具备柔软身段的社会性。无论在何种职场或人际互动关系中，都能轻易地融入团体。除了会看场合及他人脸色之外，也不会只把目光放在眼前，而是能够考虑到未来付诸行动的人。

拥有实践力的你，只要自己下定决心，一定会贯彻到底。但是，你并不是那种会拼了老命、认真工作的类型。这种人会觉得，工作只要能保障基本的生活就足够了，所以不会作出过度勉强的努力。上司所指派的工作，当然会负起责任好好地完成，但也不会主动积极争取机会。

在团体的人际关系中，如果是一定得发表意见的场合，便会率先开启话题；如果其他的人正在说话，场面已经炒得很热时，你就不会冒昧地抢风头。

你是具备常识的人，于公于私都能取得良好的平衡。

在稳定的人际关系或职场中，可以悠然自得，按照自己的想法发挥；若是在不稳定的环境下，则会有步调紊乱的状况发生。所以，这样的你适合选择牢靠踏实的职场。

长中指

烦恼多的高傲类型

中指较长的人，属于不轻易妥协的类型。在处理人际关系时，即使受到周遭的人反对，也不会改变自己的意见，总是一直在小地方坚持己见，而容易被孤立。

如果只是比例稍微长一点的中指，大约是手掌长度的90％的话，具有自立自强的气质，这种个性的魅力说不定也会吸引他人。这样的人有领袖特质，无论是在组织中或是个人行事，都可以展现自己的存在感。但是，如果比例多出于90％的话，容易变得过度固执、神经质，甚至可能无法活用天生的实践能力，且会招来更多的冲突。

中指愈长的人，愈能够深思熟虑。但是，也可能会在你埋首苦思的同时，不小心错失大好机会，时间也毫不留情地流逝了。所以，你应该养成早一步作出判断的习惯，时时告诫自己：“与其想破了头，不如实际行动！”

如果只是一味地固执己见，容易变得孤芳自赏。多倾听他人的意见及看法，相信将可获得更多支持的声音。

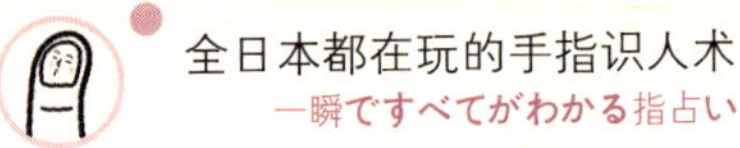

短中指

具有行动力的自由派

短中指是具有敏捷实践力的类型，迅速判断、干脆行事是你擅长的处世原则。只要确立了目标，就会立刻勇往直前，奋力奔向终点。不过，也因此有容易抢着出风头的倾向。

这种类型的人思虑略欠周详，常有贸然决定的冲动，属于比较莽撞的个性。

在团体中，充满元气的你会负责炒热现场气氛，在举办闲暇娱乐或活动时，你具备了中心人物的资质，唯一的问题是情绪像天气一样喜怒无常。有时候，明明说出口的是自己，但中途就改变心意或放弃的人也是自己，常常无法控制自己的冲动。

你在职场上充满干劲、负责认真，所以也能很快地获得升迁的机会。只不过会因此而得意忘形，没注意脚边的陷阱，反而有可能会适得其反。谨慎小心才能确保你的职场生涯。

另外，相较和他人联手的团队工作，独立行事更能发挥你的见识与智慧。如果还是待在团体内，凡事爱抢第一的你要学习培养克制自己的心。

藏在中指各指节的关键词

第一节里面住着你对自己的“自制力”。此部分所占比例愈长的人，代表愈有及时踩刹车的能力。而愈短的人，则容易跑在他人前面出风头。这个人是否具有常识，就是从第一节的长度来判断。

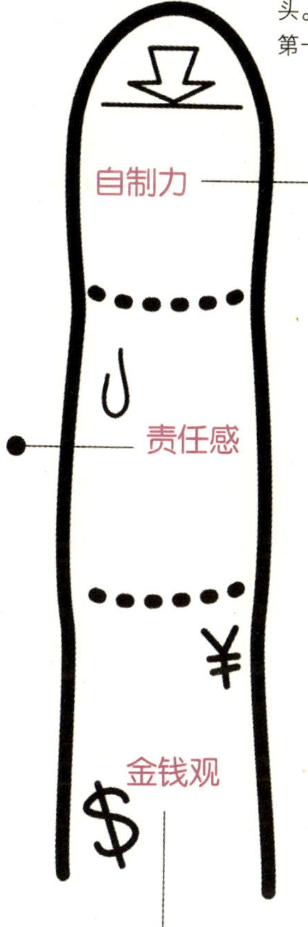

第二节是代表“责任感”。愈长的人愈有坚持到最后关头的责任心，但也因此显得警戒心较强。第二节较短的人，则容易变成悠哉的乐天派。虽然会说些好听的话，但是不太有责任感，容易把事情想得太简单。

从第二关节到第三关节的第三节，暗示你的“金钱观”。第三节较长的人，代表十分节俭，能够紧紧地看住自己的荷包。如果过长则会出现物欲强烈的现象，虽然总可以偶然地发现便宜的好货，但也会有过度吝啬的倾向。这部分比较短的人，有时候会大肆请客、疯狂购物，到最后可能会造成赤字的窘境。

中指所代表的其他特征

从中指的肌肉多寡看出你是否为成功之人

中指的外形、肌肉分布的多寡、是否呈现笔直的形状，都是十分重要的判断方式。纤细漂亮的中指，代表诚实坦率，想法也总是一根肠子通到底，能够为你带来不错的工作运。相反，关节突出明显、略成弯曲的人，在社会中的适应能力较低，想要轻松赚大钱时，就会忍不住去赌博而导致失败。这样的人应该学习脚踏实地的生存之道。

指尖呈现四方形的中指是什么个性？

中指的前端呈现四方形的人，是常识及执行能力都很强的象征。这样的你能够认真地待人处世，受到他人的信赖。这种人无论中指是长是短，你的内心都会确实遵守常理，在现实社会中得到良好的评价。

指尖宽广的中指是什么个性？

中指前端往外扩张、呈现较宽的人，有时候会太过认真而不通情理。会让人觉得你过度拘泥形式。

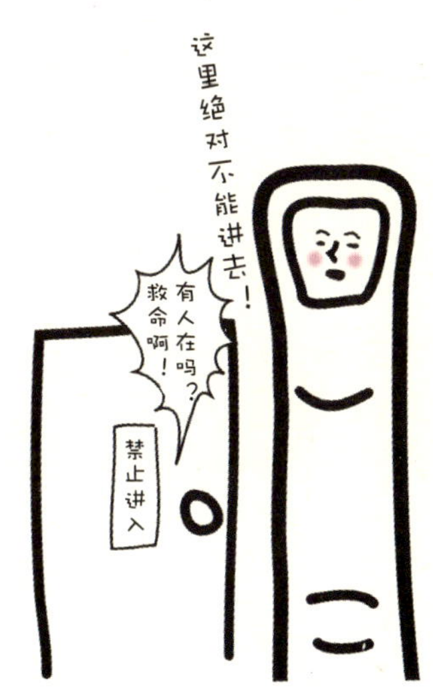

指尖纤细的中指是什么个性？

中指的指尖若呈现又细又尖的形状，代表不会只按照理论或常识来考虑行事，而是具有以直觉作为优先判断的才能。算是能够依靠直觉做事、又能顺利成功的类型，属于不拘泥小节的奇特人物。

手指小故事

指纹就是你的护照

最近在日本，利用ATM提款机操作提款卡时，增加了以手指指尖来确认是否为本人的认证装置。这是一种利用手指指尖的静脉来进行辨识的生物测定学。其实，在没有出现这种先进的数码辨识方式以前，古时候就早已使用指尖来分辨每一个人了。

那就是我们所谓的“指纹”。即使是外表长得一模一样的同卵双胞胎，指纹也一定完全不同。另外，指纹这种东西从出生后，一生都不会改变，所以也被用来当成犯罪证据。

据说，从古希腊时代开始，就已经有人开始研究指纹与个人之间的关系了。在日本，古时候的歃血盟书中也有用到指纹，江户时代更以画押指印来代表签名。

在欧洲，最早用来作为指纹鉴定依据的是19世纪末的“亨利式指纹分类法”。有人认为，这种指纹分类法的发明者英国人亨利·福尔德斯（Henry Faulds）对指纹及个人鉴定产生兴趣，应是来自日本的指印文化，以及残留在绳文土器上的指纹。现在，国际上所使用的“亨利式指纹分类法”，最早是在1901年被英国警察，也就是伦敦警务处总部的苏格兰场（Scotland Yard）所采用。日本的警视厅正式采用指纹制度则是在1911年，可见在指纹辨识的领域内，日本是与国际并驾齐驱的。

每个人的指纹虽然大不相同，但是基本上仍可分为几种固定的类型。在日本，指纹大概分为五种，有称为“涡形”的“旋涡纹”及“箕形纹”，还有像山峦般层层相叠的“流形”，其中再细分为“顺流”、“逆流”、“下流”的纹路，所以总共是五种类型。“涡形”类的指纹可以表示感情的强度、积极性等男性特质，而“流形”类的指纹则是代表耐力、稳定踏实性等女性特质。

第6章

无名指

你的才能无名指最知道

●无名指是可以看出你的审美观、艺术天分的手指。

●从手背上看，与中指比较无名指的长度。

●无名指的指尖落在中指第一节的前面三分之一位置时，就是标准长度的无名指。

●比上述的状况多出或少于两毫米，就是长无名指或短无名指。

●愈长的无名指代表拥有原始的神秘力量，愈短的无名指则有个性温和或软弱的倾向。

无名指的神秘性

无名指的看法

标准长度的无名指其指尖会落在中指第一节的前端三分之一处，若比这长出两毫米以上的就是长无名指；反之，比这短于两毫米的则是短无名指。

标准

无名指又称做“药师指”，这是因为早期的人会以无名指来搅拌、溶解药水，再将其涂抹在患部。另外，也有“口红指”这种艳丽的别称，也是因为以前的人会用无名指来涂口红。

现今，在左手的无名指戴上订婚戒指或结婚戒指，已经是世界各国十分普遍的习惯了。因此，无名指也可以叫做“戒指指”（ring finger）。据说，从前的古埃及与古罗马时代，大家认为左手的无名指是通过血管直接与心脏相连的，所以，代表感情的心脏就是“心”的象征，并与爱情相联结，因此才会将戒指套在左手的无名指上。

其他类似的传说还有亚当与夏娃的故事，传闻当初两人在分离之际，直到最后一刻仍紧牵在一起的就是左手的无名指。所以，左手的无名指也代表了男女之间的关系。

另一个不可思议的典故发生在古埃及时代，无名指被当成“药

指”，用来检测毒药或是混合药品。

而在希腊的神话中，无名指被视为具有特别意义的手指，会让人觉得它在某处是与巫术相互关联的。

不仅中文和日文有“无名指”这个称呼，印度、波斯、俄罗斯、蒙古、北欧等地的语言中，也都有“没名字的手指”这样的说法。由此可见，无名指跨越了文化的隔阂，被世界各地的人视为奇特的手指。

当然，无名指并不十分灵活，它算是五根手指中自由活动力最低的，我们很难只利用单独一根无名指来做事。但是，正因为其特殊性，无名指才会被大家认为具有神奇的力量。

无名指象征的是——

审美观与感性

无名指里潜藏着你的审美观及感性，也就是艺术方面的才能。你具备何种程度的审美观？你的品味如何？这些都可从无名指知道。

而内心的强弱、神经的粗细、对名誉和评价的在乎程度、美感等，也都显示在无名指上。

标准无名指

个性不明显的中庸派

不长也不短的无名指，代表你拥有比较平均的感受力。你不会与世间的一般标准相差太远，对于流行的事物也能跟上脚步。虽然你的品味并没有特别出众，但也绝对不是土里土气的那一种。不过，有时候会容易变得没有个人特色，所以仍须稍微表现出自己的独特之处。

因为你对审美观念并不会过度在意，所以流行服饰、配件，或是室内摆设装潢，只要是自己喜欢的，就不太会去计较是不是名牌。懂得看场合挑选衣服的你，衣橱里当然一定也有几件特别场合时要穿的“决战服装”吧。但是，那些衣服因为平常很少穿，所以在特殊场合穿时，难免让人有不协调的感觉。

你对于彩妆或流行的品味并不差，所以平时多做功课绝对是有好处的。“要怎么收获，就先怎么栽！”相信你也可以表现自己的个性美。

不需要一味地随波逐流，只要在流行的脉动中跟上脚步，把重点放在思考上就是最适合自己的！

长无名指

超级有个性的爱现派

长无名指就是敏锐审美观的最佳证据，代表你对于美好的事物非常敏感。但是，这种敏锐的感受力也会表现在名誉及名声上，所以你希望获得认同的心情也总是比别人多出一倍。

如果只是比标准无名指稍微长一点点的话，你的美感及感性恰好能让你拓展人生的视野，也更容易获得成功。这样的人在艺术领域的活跃是值得期待的。如果无名指已经长到和中指一样，甚至是比中指还长的人，就应该特别小心。虽然你具有很强的感受力，却可能会利用这点来表现自己，强烈地想要飞黄腾达。利欲熏心的结果，反而会让你从高处跌得很惨。

你那极富特色的品味，会让你在众人之中特别显眼，有时因为想要来个大逆转，会有招致失败的危险。

靓丽耀眼的你，让人无法忽略你的存在，所以大家都对你留下很深刻的印象。即使没有特别装扮，也足够展现自己的品味了，所以最好别再打扮得太夸张，试着稳重收敛一点吧！

短无名指

无法察觉自身素质的糊涂派

你对于艺术方面的感受力稍微弱了一点。即使是女性，短无名指的人在感性这一块也有较不发达的倾向。如果说得好听一点，因为你本身已经具备美的特质，所以对外表的美丑关心度并不高。因此，你不太会积极地去培养自己的美感。

自然不做作的你，虽具有纯真自然的美，但是用来包装这份美丽的外在流行服饰或配件，选择上常常过于随便。彩妆部分也是心血来潮才偶尔画一下，平时也没有太多研究。所以，这样的你无法发挥自身的优点。

你并不会想要在众人中显得耀眼，所以尽管没有人注意到你也无所谓。就因为这样，才使你未能琢磨、锻炼自己的欲望。如果你的无名指非常短，甚至比食指还要短的话，上述现象可能会变成一种怪癖。

你应该做的是培养对流行、艺术、美术等课题的兴趣，借此改变自己的想法。不要觉得很麻烦，试着多到外面走走吧。看看一些美丽的风景，阅读一些流行杂志，相信会对自己有加分作用。

藏在无名指各指节的关键词

集中力

第一节代表你的"集中力"，这部分愈长的人，表示拥有专长技艺，愈能够彻底钻研事物的内涵。相对的，此部分较短的人，动不动就觉得腻了，无法发挥活用自己的品味。

理解力

第二节象征着"理解力"。愈长的人对于美及艺术相关的东西愈有较深的理解能力，愈短的人则常常不管眼前的状况，只会在自己的脑中不停幻想。

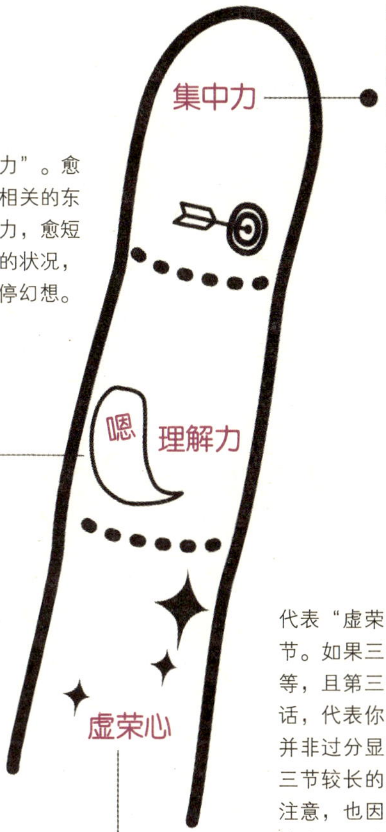

嗯

虚荣心

代表"虚荣心"的就是这个第三节。如果三个指节的比例大约相等，且第三节的长度也很标准的话，代表你拥有一定的存在感，并非过分显眼而招妒的类型。第三节较长的人，喜欢受到他人的注意，也因此较能够抓住成功的诀窍。另外，第三节较短的人，不喜欢自己的曝光率过高，总爱隐身于他人背后，若是叫你站在众人面前，你会有强烈的抗拒感，这种人容易将自己的感性与品味埋没。

无名指所代表的其他特征

纤细笔直的无名指代表自尊心高

无名指正是美的象征。因此，既纤细又笔直的无名指，除了给人良好的印象外，代表你拥有艺术家的气质。对于美丽事物过度执著的你，常常不轻易认输。平常虽然大方稳重，但要是无法顺自己的意时，你也有可能会像熊熊烈火一样瞬间爆发。这样的你有时令人感觉难以伺候。

指尖较细的无名指是什么个性？

无名指的前端又细又尖的人，拥有精准判断物品价值的能力。这样的你能够一眼就看出物品的好坏，甚至能看穿它是否值这个价钱，所以你是绝对不会吃亏的。你的审美观念正好可以在金钱及物质观上发挥作用。

指尖呈现四方形的无名指是什么个性？

四方形的指尖对金钱的观念十分敏锐。拥有不花冤枉钱就能让

好东西轻松入袋的好运。相反，呈现圆形、扁平状的指尖，则是代表你有较高的艺术才能，但因为将重心放在美感上，所以在金钱方面就显得迟钝了些。

粗壮结实又长的无名指是什么个性？

又胖又结实的长无名指，代表此人的男性特质稍强一些，不仅积极，运动能力也较佳。另外，这样的你具备独特性，在一些竞争中多能脱颖而出，强烈显示出你在艺术方面的活跃，也能获得好评。

骨头明显突出的无名指是什么个性？

没太多肌肉，且指关节的骨头明显突出时，无论是长无名指或短无名指，会让与其相对应的缺点更加明显。若是标准长度的无名指，虽然天真纯洁的特色会更外显，但也容易感到挫折，所以遇事不要操之过急，好好地按照自己的速度进行即可。

手指小故事

伸手的方式所隐含的意义

当别人随口说“把手借我看一下”的时候，你伸出手的方式会是如何呢？会用力地将手掌和手指打开，像是猜拳时的“布”一样伸出手吗？还是很有礼貌地将手指并拢伸出呢？甚至有的人像是手没什么力气一样，不会把手指伸得太直，也有人的手指不算完全张开，也不是完全并拢在一起，一副要开不开的样子……其实，从这种伸出手的方式，就能看出你的个性。

在帮人看手相时，对方伸出双手的方式，其实也是了解此人的一种重要方法。因为我们是在无意识的状态下伸出双手的，从中也可以看出真实自我的一部分。

如果是用力打开手掌、伸直手指的人，代表你的个性直爽坦率，能够对他人敞开心胸。尤其是女性，也代表比较开放的意思。虽然属于爽朗积极的个性，但也较容易有起伏不定的人生。这种人会像猜拳一样直率地伸出手，所以常常留不住钱，也暗示着你浪费的个性。

而伸出的手若是手指并拢的状态，代表你是戒备心稍强的人。十分有自制力，不会立刻对他人敞开自己的心胸。诚恳稳重的你，通常不会轻易失败。踏实的个性让你有正确的金钱观念，是能够好好储蓄的类型。

微微张开，似乎没什么力气的手，且手指有点向内侧弯曲的话，代表你没有太多元气。这样的人容易关在自己内心的小世界里，属于比较内省的人，稍微缺乏行动力。整体来说，你是处于能量不足的状态，也较常尝到失败的滋味。

以最自然的状态，手指呈现不算打开也不算并拢的样子，代表你比较不拘小节，不会过度在意，这样的你属于自由豁达的人。但是，也有可能只是因为你对眼前的这个人没有太多兴趣。

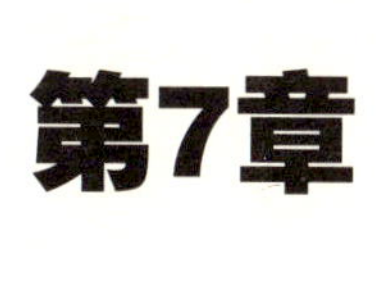

第7章

小拇指

潜藏在小拇指内的真面目

- 小拇指可以显示你天生的气质及自我表现能力。
- 从手背上看，与无名指靠拢来观察长度。
- 小拇指的指尖落在无名指的第一个指关节处，就是标准长度的小拇指。
- 比上述的状况多出或少于两毫米，就是长小指或短小指。
- 如果不大懂第一个指关节在何处，利用空着的那只手，试着折弯无名指的指尖，相信就能立刻知道了。

小拇指的神秘性

小拇指的看法

标准长度是小拇指的指尖会落在无名指的第一个指关节处。若比这还长就是长小指；反之，比这还短的就是短小指。

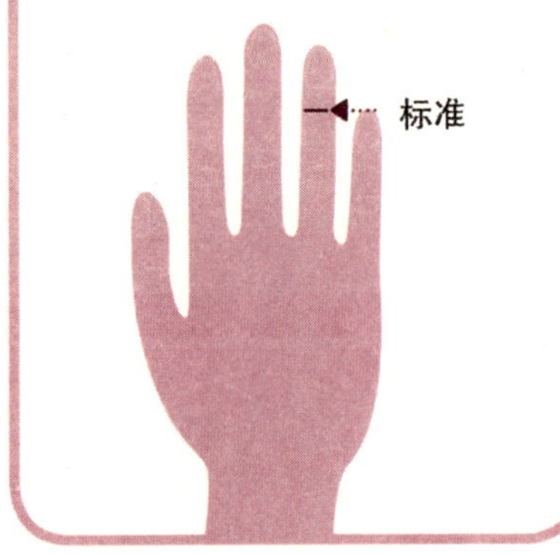

我们有时会以“打钩”的方式来和别人约定事情。在日本，打钩时除了和对方互相钩住小拇指外，还要一边哼唱“拉小指、打钩，说谎就吞一千根针”！用一种十分残酷的方式来约定事情。

这种打钩的行为也源自江户时代。一位从事风化行业的女性，为了与自己的客人订立婚约，不惜切断自己的左手小拇指，将其送到对方手上来发誓，以证明自己是真心的。我们的左右手各有一根小拇指，竟然不惜切断它来立约，可见那位女性当时是十分重视对方的。她想证明自己要是真的逃不出这个烟花巷，索性两人一同殉情的坚定意志。

左手的小拇指是最不会受到注意的。的确，我们平时真的很少使用它。但是，这小小的一根指头代表了爱的证据，可见我们最真诚的一颗心就隐藏在这里面。

在与黑道相关的电影中，也有人会切断自己小拇指以示负责或谢罪，这就称为“断指”。因此，这也算是一种为了表示诚意，而将自己的小拇指送给对方的实例。

在汉语中，也有人称小拇指为“季指”。这是因为“季”字与“末”字有相同的意思，而小拇指因此也就有“老幺指”的意义。另外，在英文中所称的“little finger”也是细小的手指之意。由于小巧可爱才会令人怜惜，如同家中的老幺，因为年纪最小也总是备受宠爱一般。

在许多故事里面，老幺们总是十分活跃，或是能得到加倍的幸福，这也是因为他们一直受到比别人多的呵护的关系。在格林童话《七只乌鸦》的故事中，老幺妹妹的小拇指最后也成了拯救哥哥们的那把钥匙。由此可见，虽然是最末端、最小的东西，却代表它拥有最神秘的力量。

小拇指象征的是——
天主的你

小拇指也有“婴儿指”这样的别称，代表它在五根手指中是最柔弱、细小的。不过，尽管小拇指是最不灵活的，但暗示着一些潜在的东西，像机智、思虑、语言能力等，这些内在的人格都隐藏在小拇指中。另外，也可从小拇指看出你的社交能力。大拇指及小拇指正好在相反的位置，也就分别代表外在及内在，所以外显的个性及内在不为人知的性格，就是由这两根手指构成的。

若各个指节的长度平均相等，代表你的内在十分稳定，可以和别人作好良性沟通，无论和谁都能轻易地成为好朋友。

标准小指

干脆爽快的交际家

内在的你十分安定，是个散发稳重气质的人，所以能够拥有圆滑的人际关系。你不喜欢与他人发生冲突，但是也不喜欢太过冷漠的关系。

你的稳重能够使你与他人之间保持一个适度的距离，因为你的社交能力很好，只要有适当的机缘，你的朋友就会增加。但是，你并不会过于主动积极地制造认识他人的机会。

你与他人的关系比较淡泊，虽然不会引发冲突，但也因此很难有真正称得上知心的好友。追求安全感的你，对于投入一份新的人际关系多少会有一些抗拒感。这种人比较干脆爽快，所以一旦当了朋友就是一辈子的。能够和青梅竹马的朋友一直保持联系的，就是这种类型的人。

你经营自己的能力稍嫌不足。如果一直保持沉默的话，小心你的存在感会渐渐消失。所以，还是要试着对周遭的人表达自己的想法或意见。

长小指

服务精神满分的交际家

长小指表示你拥有很好的交际手腕。也许你自己并没有察觉，但是在你讲话时，自然流露出的光彩总是能吸引众人的目光。你是可以适当掌握听众情绪的类型。

与无名指的长度相差不远，甚至是长过无名指，天生的沟通交际能力就可能会得到反效果。这会造成你的服务奉献精神过剩，尽管不是故意的，也会不小心对他人说谎，而沉迷于玩弄计策之中。

这样的你很容易拓展自己的交友圈，但也常被他人误解，导致真正了解你的人将会愈来愈少。不要一心只想炒热当下的气氛，试着将最真诚的自己呈现在大家眼前吧。小心自己动不动就夸大的表现手法，以及故意搞笑或搞怪的坏习惯。

只要稍微收敛一点，以诚实的心来对待他人，相信你一定可以得到许多朋友的眷顾。再加上你善于经营自己的能力，真正了解你内心想法的好友与知己也会跟着增加。

短小指

精明过头的交际家

短小指的人，对周遭环境拥有非常好的适应力，能够临机应变，无论对方是谁都能作好应对，具有社交能力。但也因为善于配合他人，常会迫不得已地伪装自己。

人际关系所涉及的范围及人数容易不断扩增，无形中也成为你的压力来源。因为你在经营自己这方面，显得比较含蓄保守，所以与他人的关系也都浅浅、淡淡的，容易流于形式上的点头之交。因此，你没有知心的朋友，属于寂寞的类型。

小拇指愈短的人，上述的情况就愈加严重。缺乏表现能力的你，有时也无法完整地表达自己的意见。甚至因此在心底累积了不少抱怨及压力，而渐渐地觉得与他人沟通是件麻烦的差事。

如果你是这样的人，不用勉强自己融入社交圈。其实，你并不擅长待人处世之道。所以，只要结交几个能让你感到自在舒服的朋友就够了。在轻松和谐的气氛中，你才能适时地表现自己，并从中获得真正知心的朋友。因此，配合度高却造成自身负担的你，首先要做的就是了解自己这方面的个性。

藏在小拇指各指节的关键词

第一节代表你的“表现能力”，第一节较长的人，能够用各种丰富的表现方式来说出自己内心所想的事情。会传送一些甜蜜浪漫的短信或电子邮件的就是这类型的人。

隐藏在第二节中的是“语言能力”。愈长的人表示说出来的话愈有深度，愈短的人则只会讲一些很浅薄或表面的事物而容易失败。

最下方的第三节所显示的是你的“社交能力”。这部分较长的人，多能发挥说话的才能；相反，此部分较短的人，通常只是喜欢招摇撞骗罢了。

小拇指所代表的其他特征

肉多粗壮的小拇指是什么个性?

肌肉很多、粗细甚至不输给其他指头的小拇指，代表此人受到父母亲或祖先的遗传及影响较多。这种现象不仅会显示在个性部分，甚至是体质也会有类似的倾向。因此，如果你的父母或祖父母有一些慢性疾病，也请你自己要多加注意。不要觉得自己现在的身体很健康就疏忽了，还是需要定期接受健康检查。

纤细的小拇指是什么个性?

拥有纤细小拇指的人，在其表现能力中，更加入了细心体贴及敏锐的直觉。但是，有时因为过度使用高深的文学表现手法，对方反而可能无法了解你想表达的意思，所以必须适当斟酌。

指尖呈现四方形的小拇指是什么个性?

指头的前端是四方形的人，比较会讲道理，拥有高超的谈判手腕。能够利用自己的说话技巧来控制目前的步调。其中也有人会利用各种拉拢的方式，甚至可以把黑的讲成白的，具有十分危险的才能。

形状奇怪、不平整的小拇指是什么个性?

只有指尖或手指根部很粗，还有纤细却不够笔直的小拇指，代表此人的谈判手腕较差。因为你不善利用言语来表达，所以常常使得自己的立场站不住。这样的人应该努力展现更多的气势，借此隐藏自己的弱点。

过短的小拇指请注意！

小拇指暗示着你遗传得来的形态与特质。如果你的小拇指与其他手指相比，呈现十分不灵活的状态，或是手指并拢后的小拇指会给人不自然的印象时，建议你应该到医院作个健康检查。尤其是父母或亲属中有相同病史时，更应该特别小心才是。

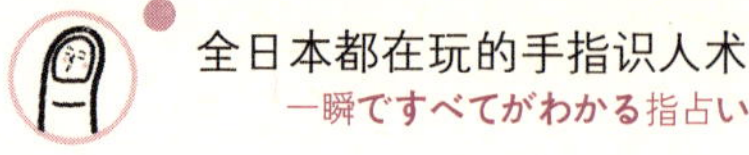

手指小故事

和手指相关的用语

在日本有一句特别的话叫做“让人在后面指责”，这是指别人在背后说你坏话、暗中批评你的意思。但是，这句话中的“指”，到底是哪根手指呢?

正确来说，这句话的意义应该是用手指指向他人的背，说：“那个人真是……”因此，这里的“指”就是指着被说坏话的人背后那根手指。所以，虽然使用的是食指，但是所指向的不是后面，其实是前方。当我们在批评指责别人时，常常也是与自己的自尊心有关。因此，就是利用代表自尊心的食指来指责他人。

相反，另一个惯用语——“使人无法指责”，是指让别人对你无可挑剔的意思。这种说法会让人有十分自豪、扬扬得意的感觉。

另外，“染指”这个词语本来是指“尝试味道”的意思，后来辗转引申成“着手开始”的意思。这里的“指”其实就是无名指。现在我们仍可看到某些厨师会用无名指稍微蘸一下酱料来品尝味道的画面。

想要拥有某种东西的欲望，在日文的惯用语里，有一个说法叫做“将手指含在嘴里”，这应该是在说食指或大拇指。在英文中也有“thumbsucker”，是指用嘴巴含住大拇指的人，嘲笑他就像是个长不大的小婴儿一样。

对于纤细瘦长、肤色白皙的手指，日本人常会以“如银鱼般的手指”来夸奖对方。这是因为银鱼那白色透亮又美丽的形象，正好能与理想女性的手指相称。但是，拥有这双美丽之手的主人，通常是比较虚弱的体质，最好要多注意自己的健康。多吃一些银鱼虽然也可以，但是如果能吃鳗鱼这类能够补充体力的食物会更好。

第8章

食指与无名指所代表的恋爱模式

●恋爱模式是由代表自尊心的食指及感性的无名指来决定的。

●从这两根手指的组合，可以看出你的恋爱以什么模式居多，常会犯下哪些错误。

●另外，一般来说，无名指愈长的人，表示受到男性激素的影响愈多，其恋爱模式中也可看到较多的男性特质。

●相反，无名指较短的人则多处于被动的一方。

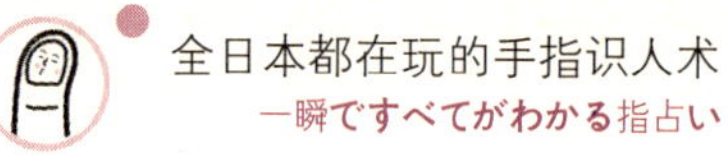

食指&无名指的九种组合

（自尊心）　（感性）

据说，会受到性激素颇多影响的是食指与无名指。就像男生与女生对“性”的想法略有不同，手指的特征也是男女大不同。这一点在无名指的长度上，可以获得实际的证明，一般来说，男生的无名指通常比女生的还长。

食指及无名指与生俱来代表了与性相关的要素及面对恋爱的态度。所以，从这两根手指的不同长度组合，可以看出你谈恋爱的模式与感觉。

用来代表“指向他人”意义的食指，可以了解在爱情中的你对于另一半所采取的行动类型。而无名指则是你对恋爱的想法及性欲强度。

值得注意的是，这两根手指所表示的仅是你的恋爱模式，并不能代表所有的命运。因此，只要多加留意或稍作努力，相信就能从目前的恋爱模式中成功跳脱出来，或是展现自己的优点及魅力。

要想谈一场成功的恋爱，首先就要彻底了解自己。对于下列每一种恋爱模式，分别提出了恋爱处方笺，当你感到情路不顺时，可以试着以此作为参考。

食指与无名指的特征

短食指

躲在角落的吃亏类型

对所有事物呈现消极心态的类型，因为缺乏自信而常躲在角落独自思索。若能好好地配合自己的步调，相信你就可以拿出努力的精神。

长食指

受自尊心摆布的类型

食指愈长的人愈顽固，还自以为是。因为自尊心颇强，爱面子的你会督促自己必须不断努力。但是，容易自满与看扁他人是你的缺点。

标准食指

随和的稳重类型

外表十分随和的你，内心却格外坚强。很有上进心的你，是能一步步持续努力的类型。在团体或组织中能够与大家相处融洽，但并不会随波逐流，甚至一人单独行事也能轻松胜任。

短无名指

无法察觉自身素质的糊涂派

感受力不足的你对于外在美丑显得漠不关心。你并没有想要引起他人注意的欲望，所以就算完全被他人忽视也无所谓。

长无名指

超级有个性的爱现派

在审美观及品味方面都很强的你，可以获得不错的名誉及名声。但是，想要成名的欲望越强，反而会使你利欲熏心而跌得更惨。

标准无名指

个性不明显的中庸派

你对事物拥有标准的感受力，所以审美观也不会与大家差距太大，属于能够跟上流行脚步的类型。但是，略嫌没有个人特色是你的缺点。

第1类 标准食指 × 标准无名指

不会太龟毛的悠闲派

此种类型的人有热衷于恋爱的倾向。因为你具备不错的配合度，不但不会任性，还能配合对方调整自己。这样的你应该能够和另一半以两人三脚的方式互相扶持，维持两人之间的良好关系。

你不算是非常龟毛的人，在爱情中也显得随和。但是正因为如此，容易受到另一半的个性或作风影响。

爱情中的你虽然没有太多主见，但也算是个稳重之人，所以不会被对方骗得团团转。紧要关头，你仍会坚持走自己所选择的路，即使遇到很糟的对象，也能够立刻断得一干二净。

你这种类型的人面对单身生活也不会觉得寂寞，所以不会被恋爱冲昏了头。但是，也可能因此在不知不觉中错失良缘，甚至对于他人表示的好感也无法察觉。

你对花言巧语有一些敏感，以至于有时会显得没那么亲切。如果是你先爱上对方，这段恋情可能会变成慢步调的耐力长跑吧。

属于你的恋爱处方笺

你的恋爱模式是追求稳定的安心感，但缺点是没有太多高潮迭起与变化。你不喜欢另一半对你发号施令，所以对方的领导特质过强时，反而会使你想要抗拒或唱反调。这样的你多会变得十分被动，而使两人的爱情呈现停滞不前的状态。

你需要的是在脑中先描绘出适合自己的理想恋爱类型。如此一来，当你遇到自己属意的真命天子时，就会知道应该采取什么行动。

为了不让自己错失大好机会，你应该增加与异性交流的机会。不要只是以哥们儿或好姐妹的态度与他人相处，在举手投足等小动作，或是服饰穿搭等方面都要多加注意。只要改变自己的心态，以前不曾注意到对方的小举动或情绪表达，相信你就能因此发现其中的变化。

在正式交往后，请注意自己可能会有变得固执倔犟的倾向。也许你自认配合度很高，但是表现在外的态度容易显得固执。

在性爱方面，你是属于十分保护自己的保守派，应该试着放下过强的警戒心。

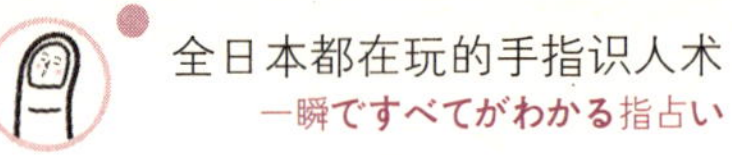

第2类 标准食指×长无名指

受到梦想左右的理想派

你总是幻想着能谈一场美好的恋爱。充满感性的你，对于普通的爱情总觉得少了点什么而兴趣缺失。但是，表现在实际的行动中，又称不上是个十足的浪漫情人。自尊心强的你，若凡事都依对方的话，会觉得很丢脸、面子挂不住，所以有时会在无意间忍不住收敛自己。

在情绪起伏上，坠入情网中的你会立刻变得很兴奋，成天不停地幻想着一些浪漫的连续剧情节，对接下来的发展充满期待。只不过你的行动表现力总跟不上自己的想象力。

正因如此，一些不满的情绪会开始在你心中累积，甚至会发泄在对方身上，总认为有问题的一定是另一半。有时候恋情的发展并不如自己所愿时，感到无趣的你会开始和对方吵架争执、产生分手的念头，而将目光移到下一个猎物身上。也许这是你在无意识中产生的行为模式，在不知不觉中，可能让自己在他人眼中成为一个“多情种子”。

“期待愈大、失望愈大”，用这句话来形容你再贴切不过。你

对另一半的要求很多，并且容易将责任推到对方身上。

属于你的恋爱处方笺

当你觉得自己的恋爱总是惨遭滑铁卢时，那是因为你心中所想的爱情与实际的行动间有差距。你只是不停地幻想，做白日梦，但实际采取的行动又无法相符，所以你的恋情才无法如你所愿地顺利进行。

如果想要跳脱现在的恋爱模式，主动积极是你所需要的。

如果一直害怕失败而把主导权都交给对方，那么你的希望将会难以实现。掌握主导权，想办法带领对方进入你的浪漫世界吧！

若想要增加认识对象的机会，不能只是等待偶然的缘分，试着将注意力放在许多异性聚集的场合。当然，通过朋友的介绍，说不定也能遇到好姻缘。不要一直幻想着白马王子总会有出现的一天，你需要将目标实际化，付诸行动。

你在性方面的能力无穷，具有冒险家的特质，喜欢尝试各种不同的挑战。比起被动，你是喜欢采取主动的一方。如果害羞、过度矜持的话，反而会让你在性生活中变得生硬不自然。对于自己的想法或是有兴趣的事，不妨试着委婉地向对方表达。

第3类 标准食指×短无名指

对恋爱提不起劲的被动派

这种类型的人总是用最自然、不做作的方式来面对感情。你不会勉强自己去谈恋爱，所以通常都是被动地等待一些偶然的相遇或机缘。如果你置身于异性很多的环境之中，自然就会有很多认识异性的机会；但是如果相反的话，你的良缘就会跟着减少。因为你不是主动制造恋爱机会的人，所以就只能任由当下的状况或环境来支配了。

交往中的你容易任由对方摆布，尽管对于自己讨厌的事情会直截了当地拒绝，但是不会想要积极地握有主导权。这种类型的人虽然可以和另一半建立和平稳定的关系，但是也容易渐渐变淡而分手。属于此种恋爱模式的人，不是长期维持着若有似无的关系，就是干脆痛快地一刀两断。

另外，你的内心是会为了爱而拼死拼活的类型。所以，就算别人给你建议，教你如何变得更有魅力，也会总觉得无法接受而听不进去。

即使你在性方面是有兴趣的，但也会强烈拒绝。这种人通常没有实际经验，只会纸上谈兵。

属于你的恋爱处方笺

因为你是属于顽固任性的恋爱模式，所以不需要过度勉强自己去作改变。这类型的你只要保持最自然的自己，通常就能带来正面的影响。你不会刻意讨好别人，也不会自我意识过强，所以你总能轻松跨越隔在你与异性间的高墙。如果扣除爱情成分，这样的你可以快速地和他人建立起朋友的关系。

但是，因为你的恋爱机会较少，所以请试着努力改善这一点。扩大自己的视野，增广见闻，试着对许多不同的事抱持关心的态度，相信能增加认识异性的机会。如此一来，能够改变你现在恋爱模式的真命天子，可能就会出现在你身边。

你喜欢单独行动，所以就算是自己一个人出门也无所谓。属于你的姻缘，可能就隐藏在以前你从没有进去过的店里哦！

实际开始交往后，接受对方的兴趣或嗜好是你要努力的重点。只要你能够积极地参与，相信你们两人的关系将会产生变化，渐趋稳定。

你在性生活中属于被动且害羞的类型。切忌因为感到害羞而一味逞强，配合对方的步调应该是最安全的做法。

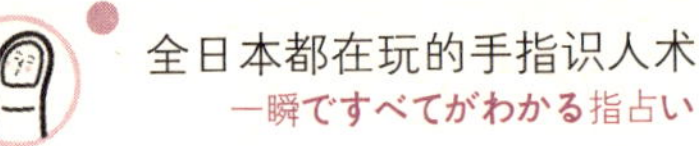

第4类　长食指×标准无名指

在爱情中要求超多的渴求派

你想要谈一场“普通”恋爱的想法及意识很强烈。你认为身边有另一半存在，是一件极为“正常”的事。因此，当处于单身状态时，你容易变得非常焦急。尽管你的态度十分积极，但是也受不了过于贪婪渴望的行为，所以容易成为被动的一方。

如果你正在暗恋对方，常常会因为无法让对方了解自己的心意而显得心急如焚。即便是两情相悦，也会因为你无法表现诚实坦率的一面，却希望对方能理解自己的心事而容易变得任性。另外，你喜欢在众人面前炫耀自己的另一半，所以对他的要求也相对很多。有时浮现在脑中的冲动念头，会让你匆忙之下作出错误决定，因而引发你和另一半的争执。愈是想要努力做好，愈是容易白费劲，使得两人的步调不一致。

你对于性爱方面并没有太多好奇心，所以在性行为中显得兴趣缺乏。但是，你又怕自己和别人不一样，所以喜欢到处听取他人的意见。因此，就算是自己没有实际经历过的事，也可能知道得十分详细。对于性行为的印象或想象会因此而过度膨胀、夸大。

属于你的恋爱处方笺

相信在别人对你的恋爱建言中，应该常常听到“少安毋躁”这句话。

尤其是当单身时，你更要记得放慢脚步，千万别干着急。有对象的人，也请尊重对方的步调并予以配合。唯有一步步好好地建立起两人的恋爱关系，才有办法掌握最适合你们的方式。愈是焦躁，愈容易失去最真实的自己，尽失原有的魅力！这点请一定要多加小心。

另外，请不要过度坚持己见。顽固倔犟的个性会吓跑对你有意思的异性，或引起争执而让两人下不了台。当两人的意见发生冲突时，不要急着在当下解决问题，可以试着先缓一缓。等日后双方都冷静下来时，再一起面对问题即可。

你追求的是“正常”的恋爱，所以你心中已经有一个固定的理想恋爱蓝图。只要现实与理想不符，你就会陷入不安的状态。其实，无论是谁，在爱情中都是最独特的。因此，就算是和你的想象有差距，只要能敞开心胸接纳对方，一定能让你的恋情更顺利，也使自己乐在其中。

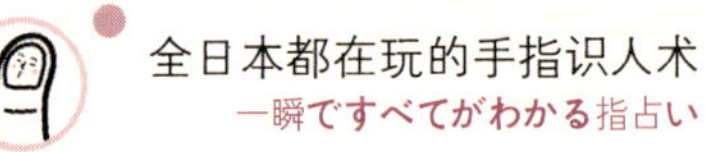

第5类 长食指×长无名指

华丽过头的无缘派

不服输的你，在爱情中总是想要占上风。你强烈希望被对方捧在手心里，所以爱情常常变得十分沉重。

你会积极地想办法认识异性，并且站在主导两人关系的位置，但是也因此让人对你有强硬蛮横的印象。你容易把另一半耍得团团转，到最后只能分手。

你懂得发挥自己独特的魅力，是一个很强的竞争对手，所以很少会输给情敌。但是，如果过度做作的话，会让自己变得像是“只可远观，不可亵玩焉”的花朵，许多机会也就悄然溜走了。所以，请谨记不夸大、不爱现。

另外，你常常认为自己的想法才是对的，坚持己见的任性行为会造成你和恋人产生许多冲突。不轻易认输的个性，常常会演变成与另一半闹别扭的窘境。切记不要让自己的态度变成强迫命令式的口吻。

在性生活方面，情绪丰富的你可以让对方获得极大的满足感。具有攻击性的你，有时作出的连续强烈进攻甚至会让对方想要求饶。

属于你的恋爱处方笺

你浑身散发的魅力常会将异性迷得神魂颠倒，所以身边总是不乏追求者。但是，因为你的择偶条件很苛刻，所以现实中是很难谈恋爱的。喜欢精挑细选的你，总是为了要找到最适合自己的对象，反而使缘分离你远远的。

其实，只要试着交往，一定能发现对方的优点，所以不要对自己设限，说不定会获得令你意外的良缘。重要的是不应只看表面就作判断，试着直接往前跨进一步。如此一来，你的机会一定能瞬间加倍。

不以过度刻意的态度面对爱情，才能拥有更多幸运。只要做最自然的自己，你的原始魅力必定能为你带来恋爱的机会。

面对喜欢的人或另一半，你总是会不小心说出一些不必要的话。想说的话可以稍微保留一点，或是挑选适当的语气，相信能让你们的相处气氛更融洽。

你所散发出来的气息，会让人觉得稍微有些高不可攀，所以应该尽量表现自己的善意以缓和气氛。

第6类 长食指×短无名指

否定恋爱至上的自我派

自尊心甚高的你，认为为了爱情而忙碌辛苦是件很麻烦的事。虽然你拥有文静温柔的魅力，但不是恋爱至上的人，面对爱情总是显现出干脆爽快的个性。

你总觉得爱情应该顺其自然，所以你会把自己的兴趣或工作、朋友摆在第一顺位。对爱情不会过度执著的你，很难维持长久的关系。有时候就算出现心仪的对象，也常常仅止于朋友的关系而裹足不前，或是选择对象的标准出现问题而无法成功。

基本上，你对恋爱呈现消极的态度，只想依照自己的步调来谈感情，所以对另一半也会坚持自己的主张。虽然你们不会发生激烈的冲突，但是在爱情中的两人无法有共同的意见，容易使另一半变得疑神疑鬼。

虽然你总是被动的一方，但你常常不轻易退让，导致对方无所适从而乱了阵脚。因此，对你们两人来说，互相维持独立的关系才能更顺利。

虽然能诚实地面对性的渴求，但是不太喜欢直接将其表现在外。

属于你的恋爱处方笺

如果想要谈一场顺利的恋爱，你应该对另一半及自己付出更多的关心。

你的恋爱模式容易变成顺其自然的态度，常常在还没了解对方的情形下就开始交往，并且任由另一半主导情势，顺着对方希望的模式往下发展。因此，对方可能会误以为你是个乖巧听话又被动的人。在交往的过程中，你会渐渐发现两人不契合的地方愈来愈多。

以互相了解对方为前提，开始考虑是否要交往吧！拥有共通的兴趣或嗜好，当朋友时也能维持良好关系的对象，交往时才能互相尊重对方。

你对恋爱的敏锐度较低，所以缘分上门的机会也较少，因此需要多下一番工夫。改变发型，注意服饰搭配等，试着作一些小变化，应有不错的效果。

处于兴奋状态下的你，常常会显得很害羞。为了掩饰害羞，你容易作出一些夸大的举动和反应，或是突然摆起高姿态。在约会时，这些都是最应该注意的地方。

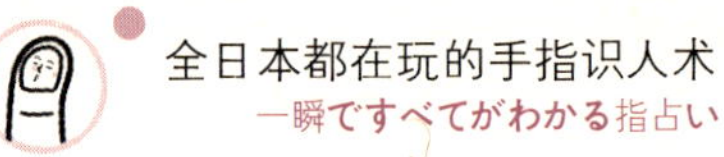

第7类 短食指×标准无名指

信心不足的吃亏派

你对自己没有太大的自信心，所以对于爱情也无法表现出积极的态度。其实你的内心十分渴望美好的恋情，但总是在刚起步时就轻易放弃了。常常悲观思考的你，对于爱情的执著度不够。即使是眼看马上就要到手的爱情，也会在中途因为挫折而灰心丧气，主动放手。

懦弱及负面思考的你，应该经常在感情路上吃亏。如果是单恋的话，你总是无法改变现状，到最后不得不放弃。就算是对方主动出击，你也因一直无法对其产生信任而错失良机。

因为你喜欢躲在角落独自思考，隐没在人群中的你，恋爱的机会就相对减少。但是，一旦开始正式交往，一切问题应该可以迎刃而解。以对方为重、懂得支持另一半的你，应该能够让对方深深地爱上你，可以和另一半建立起稳定长久的恋爱关系。

比起轰轰烈烈的爱情，你喜欢自在舒服且安定长久的恋爱关系。这种类型的人适合爱情长跑，而且通常能画下步入礼堂的完美句点。对于刚萌芽的爱情，你也能够耐心地加以栽培，并在最后绽放出漂亮的花朵。

属于你的恋爱处方笺

你无法正视异性对你投射过来的目光或视线。当异性主动与你攀谈时，你也不敢发表自己的意见，而总是挑一些最安全的一般论调搪塞。若是和朋友出去，你就会隐身在大家的后面，使自己无法增加认识异性的机会。

因此，你的恋爱经验值一直无法上升。

若想要抓住机会，你需要的是在穿着打扮上费点心思。试着模仿自己喜欢的艺人，或是找一些懂得流行的朋友，听取他们的建议。

去习惯与异性相处，对你来说也是很重要的事，可以试着结交一些不会感到拘谨且能畅所欲言的异性朋友。兴趣或工作性质相近的对象应是不错的选择。

想要维持长久恋情的诀窍，就是不能一直当懂事的大好人。偶尔小小任性一下，让对方感到困惑会是不错的方式。太过千篇一律、毫无变化的稳定生活，可能无法引起另一半对你的注意。

你的性生活较无变化而显得保守。稍微提高自己的兴趣，并且试着作些不同的挑战吧。

第8类 短食指×长无名指

憧憬连续剧爱情的幻想派

你那敏锐的审美眼光及满腔的热情是绝对不会输给别人的，但是只要异性站在你眼前，你就会变得扭扭捏捏。就像是在参加联谊前，你会浑身充满干劲，但是到了真正的好戏上场时，你像变了一个人似的，显得格外温顺规矩。

你总是期待自己的爱情能像连续剧或电影里的情节，所以对于现实生活中无法付诸行动的自己，常常会感到焦躁难耐。因为你总会告诉自己："怎么可能会有像连续剧般的爱情呢？"抱持这种想法的你，会就此产生放弃的念头。你是十分重外貌的人，而且若不是戏剧般的邂逅情节，是无法让你动心的，为此你也感到十分困扰。所以，即使爱神丘比特对你多有眷顾，你也会因为不敢跨出第一步，而让这些姻缘从你眼前白白溜走。

在交往的初期，你可能还有满腔的热血，随着时间流逝，渐渐地变成消极的态度。易热也易冷的个性，常使你不断重复着短命的恋情。

你对性爱生活充满了旺盛的好奇心，对于许多不同的尝试应该多少有些经验。但是，你不敢将自己内心的希望或渴望告诉另一半，反而造成自己的压力。

属于你的恋爱处方笺

你的满腔热情常会使自己白费力气，所以应该试着采取收敛、冷淡一点的态度。有时候，热过头只会将自己也燃烧殆尽。若想要能够持续长久地走下去，你应该学会试着客观地审视自己。不要想太多反而可以为你带来更多机会。这样一来，你那负面消极的思考也能受到抑制，转换成积极正面的态度。

因为你拥有独特的兴趣或美感，若能将其表现在外，相信会有加分效果！比起一些表面肤浅的话题，有深度的谈话更能衬托出你的魅力所在。

与其努力地让许多异性为你着迷，还不如集中、缩小自己的目标范围，应该也能获得更好的结果。

在性生活方面，试着一开始就将主导权握在自己手中吧。否则想要在日后拿回主导权应该是件难事。平时成熟稳重，在床上却是热情十足，让对方了解两者的落差是很重要的。

这类型的人在恋爱经验值增加的同时，可以因此获得更多的积极性，所以算是能从失恋中学习成长的人。

第9类　短食指×短无名指

动不动就放弃的丧志派

成熟稳重的你，属于能够受到对方呵护的类型。在异性的眼中，你具有十足的魅力。可惜，你自己总无法察觉到这一点。

在爱情中显得较软弱的你，有时候会不由自主感到害怕。明明可以谈一场成功的恋爱，却不相信这种好事会发生在自己身上。因此，你不会积极地让自己变得更好，对于认识异性的欲望也相对较低，属于会将爱神丘比特拒于门外的类型。

尽管有心仪的对象，但常常立刻就萌生放弃的念头，因而无疾而终。就算是对方主动接近你，你也会害怕他不是真心而变得畏畏缩缩。

这种人会自己主动放弃许多大好机会。

不过，其实隐藏在你内心的恋爱本能绝对不输任何人。只要你能积极一点，绝对会是个万人迷，也能与交往的另一半相处融洽、顺利。你的另一半会爱你爱得死心塌地，绝对舍不得离开你。

只要多累积一些恋爱的经验，了解自己在他人眼中是什么样子，你就可以发挥自身的魅力。

属于你的恋爱处方笺

其实，你就像是一颗未经雕琢的宝石，只需要经过仔细琢磨就会闪耀动人；相反，若不经过加工的话，这颗宝石就和掉落在路边的小石子没什么两样。你总是认为自己就像是没有任何价值的小石头。稳重端庄又不过度逞强的你，其实拥有让异性为你着迷的力量，但是你自己压抑了这份能力。

试着发挥服务奉献的精神，对异性多一些付出吧。从日常生活做起，不一定要得到对方的回报，将自己察觉到的事情告诉对方，适时伸出援手，将可增加你的恋爱机会。

因为你对自己的评价过低，所以只要有人喜欢上你，你就很容易爱上对方。但是，在考虑正式交往之前，绝对不可以输给对方强硬的态度，只需要顺应自己心中最真实的声音作出回应即可。

性方面容易对另一半百依百顺，因此累积不少压力。自己讨厌的事情应该清楚地说出来。不需要让对方予取予求，让对方了解你想要的模式也很重要。

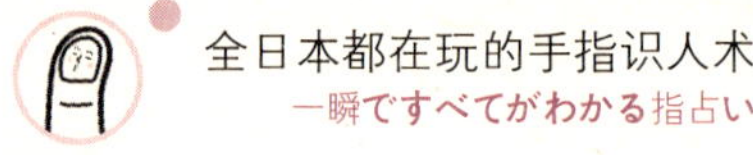

手指小故事

梦境中的手指占卜

如果在你的梦境中，手或手指的画面令你印象深刻的话，那就暗示你的内心深处有强烈的意志，想要抓住某样东西，可能是社会地位、爱情或金钱等。随着你在现实中所处环境的不同，梦里出现的手指所代表的含义也会跟着改变。另外，如果你很在意梦境中的某些特定手指，这是提醒你要关心家人。

从大拇指往小拇指的方向，依序代表父亲、母亲等，所以每根手指就像是一位家人，他们可能会在你的梦里出现。这可能是因为你的潜意识中，会自然感受到家庭内破裂的关系，或是你与家人之间不和谐的气氛。如果你没有和家人住在一起，赶快回家看一下，或是打电话回家关心一下吧。也许你重要的家人正遭逢不幸，有麻烦事缠身，或是受到他人误解。

如果梦见手指受伤的话，请回想一下受伤的是哪根手指。

大拇指受伤的梦，代表受到周遭的误解。食指则代表你的自尊心受创，渴求能挽回自己的名誉。中指代表自前的人际关系产生问题，对于沟通互动方面应该多加留意，尤其可能是工作上与他人的往来发生问题。无名指受伤的梦，代表你欠缺对他人的体贴关怀与爱情，当你的行为像刺猬一般满身是刺，或是你需要他人与另一半的关怀时，这种潜意识便会出现在梦境中。如果受伤的是小拇指，代表你在无意识中累积了不少压力，外表毫不在乎的你，其实内心已经千疮百孔，却仍不自觉地压抑心情。

如果梦里出现手指的画面，赶快先将印象深刻的部分记下来吧！

第9章 从无名指与小拇指看出你的美感与才能

●代表感性的无名指及潜在能力的小拇指。这两根手指的各种长短组合，可以告诉你具有什么样的品味及才华。

●并不是两根手指都很长就代表有很好的品味。

●需要看两根手指长度比例的组合来决定你的类型。

●无名指及小拇指的组合是代表内在的你，与其说是外在的品味或才能，不如说是代表你的潜在能力。

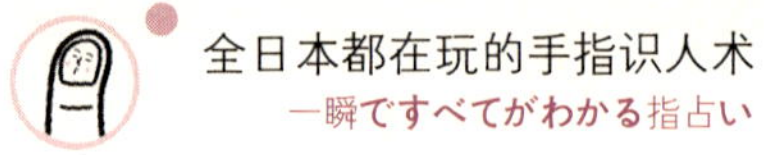

无名指&小拇指的九种组合
（感性）（表现力）

表示“感受力”的无名指可以看出你的美感及审美眼光的强弱。另外，它也代表了你对于艺术领域或流行事物是否具有积极的兴趣。无名指中隐藏了你先天的纤细特质及价值观。而欲望的强弱也是由无名指决定的，愈长的无名指表示欲望愈强，你强烈希望周遭的人能认同你的美感。而愈短的无名指则对名誉的欲望显得淡薄多了。

小拇指代表你内在的一面，从这里可以看出你天生的特质。它显示了你头脑的灵活度及潜在的智慧。而你的机智与幽默感也潜藏在小拇指中。

小拇指也是象征“表现力”的手指，如果和表示“感性”的无名指结合，可以看出你的创造力与独创性的才能。

从这两根手指的长短比例组合，就能知道你具备什么样的创作能力。

另外，从这两根手指也可以看出你会如何安排自己的日常生活，以及在扮演该角色时所具备的能力。除了私底下的你，在工作职场中的待人处事模式，也都受到无名指及小拇指的影响。

无名指与小拇指的特征

短无名指

无法察觉自身素质的糊涂派

感受力不足的你对于外在美丑显得漠不关心。你并没有想要引起他人注意的欲望，所以就算完全被他人忽视也无所谓。

长无名指

超级有个性的爱现派

在审美观及品味方面都很强的你，可以获得不错的名誉及名声。但是，想要成名的欲望过强，反而会使你利欲熏心而跌得更惨。

标准无名指

个性不明显的中庸派

你对事物拥有标准的感受力，所以审美观也不会与大家差距太大，属于能够跟上流行脚步的类型。但是，略嫌没有个人特色是你的缺点。

短小指

精明过头的交际家

你对周遭环境的适应能力很强，无论对象是谁，你都可以随机应变，属于协调性极佳的社交家。但是，你对于自我行销的能力略嫌不足，所以与他人的交往容易只限于表面关系。

长小指

服务精神满分的交际家

你是十足的交际家，说话时的魅力可以吸引他人的目光。你能够适当地掌握听众的情绪，但是也有适得其反的时候，因此而招致他人的误解。

标准小指

干脆爽快的交际家

你的内在具备了安定、稳重的气质，不喜欢发生冲突的你可以和他人建立起良好的人际关系。社交手腕不错的你，应该有不少朋友。

第1类 标准无名指×标准小指

最标准品味的中庸派

无名指及小拇指都属于标准长度的话，你在社会上就是属于中心阶层的类型。你和多数人的价值观极为接近。你不会强迫他人接受自己的个性，且喜欢大众化的东西。你能对名牌商品作出正确评价，且该评价通常都是大家公认最标准的价值观。由此可见，你随时都抱持着最安全、标准的意见。

你具备自己独特的感性，但是也不会与当下的流行事物唱反调。十分随和的你，拥有能够接受各类领域的感受力。

你的神秘才能可以眼观四方，并且立刻分辨出真正的标准中心。所以，在团体内也能找到最贴切、适当的位置。这是一种降低风险，让自己处在安全环境中的才能。

你可以察觉到大多数人所喜好的事物，所以总能创造出一些较普遍、大众化的东西。对你自身来说，一个好的创作，就是能够让大家都开心且受大众喜爱的作品。

对于流行服饰装扮，你会选择最安全的方式。其实，稍微主张自己的独特性应该也不赖。

第2类 标准无名指×长小指

炒热气氛的中心人物派

你的感受力虽然也属于大众化的倾向，但你具有懂得利用这点的才能。随和、表现能力又丰富的你，能够将自己的感性百分之百地活用发挥，因而获得周遭的赞同，并且抓住更多观众的心。

你的价值观非常标准且普遍，又是个有常识的人，所以对你持反对意见的人应该少之又少，这样的你善于虏获支持者的心。不过，如果你将这份才能用在只对自己有利的地方时，支持者们会开始累积对你不满的声音，最后反而会从中出现强劲的敌手。所以，不要总是只想着自己，应该试着多为他人着想。

另外，你能够结合自己的感性与才能，发挥你的创造力来炒热场子，带动现场气氛。因此，你属于主导能力强的类型，善于掌握团体的脉动。

在流行穿着方面，百变穿搭是你最拿手的。要想表现自己与众不同的魅力，就从这里下手吧。只需要随意地搭配服装或配件饰品，就能创造出专属于你的流行感。

第3类 标准无名指×短小指

迷失自己的过度随和派

标准长度的无名指代表你有很标准、大众化的感受力，而短小指则显示你具备了十分良好的协调性。但是，有时就是因为太过随和，而无法发挥自己的独特性。即使你本身蕴藏着无限的可能性，你也会在不自觉中加以压抑。就算你内心其实很想这么做，也总是无法实际付诸行动。

你具有多样的才华，无论什么事情都能作出适当的应对。但是样样精通的你，就是因为太能干、聪明了，反而无法发现真正的自己。私底下的你应该开发、钻研自己的个人兴趣，相信你的神秘才华将有开花结果的一天。

虽然你不是创造性的类型，但可以活用周遭环境的事物。因此，你在流行穿着打扮方面总能吸引众人的目光。就算不需要名牌衣物的陪衬，也能作出令他人惊艳的流行穿搭。

第4类 长无名指×标准小指

忽视自己卓越品味的糊涂派

你具有十分敏锐的感受力，但是你不会积极地想要将它表现出来。一方面你期望获得他人的优良评价，另一方面你又会压抑自己的才能，只求用最安全的方式度日。

你的兴趣应该可以发展成独特的才能，走出属于自己的一条路。你十分重视自己的这份才能，即使没有刻意地表现在外，终有一天也会引起大家的注意。你的才华开花结果的时候，相信一定会受到大家的注目，属于在自然而然中受到大家肯定的类型。

敏锐的审美观及感受力，让你拥有很独特的想象力。可惜，你总是低估这点，以为这项才华只能隐隐含光。其实，你应该更自信一点，多让大家了解自己的才能。

另外，优越的美感使你对于流行事物有领先他人的敏锐度。尤其是一些小东西的搭配能让你展现出独特的个性魅力。你也会运用具有画龙点睛效果的配件，使大家的目光不禁停留在你身上。这样的你总是在不经意间吸引他人的注意。

第5类 长无名指×长小指

强迫他人接受自身价值观的类型

你除了具有敏锐的感受力外，也能将这份才能充分发挥。你会把自己感受、捕捉到的事物，以最简单易懂的形式介绍给大家。你的价值观非常有独特性。只要是自己觉得很棒的东西，就算是社会大众对其评价甚低，你也会把它当成一块宝，所以并不受社会上一般想法左右。

但是，你强烈希望周遭的人也能了解自己的价值观，所以你的态度难免变得十分强硬。如果他人无法理解你的想法，请试着检讨一下问题是不是出在态度上。只要能够以较婉转的方式说明，相信对方应能接受。

你天生就拥有很棒的创造力，脑海中常会突然浮现一些别人都无法想到的好点子，因而创造出充满原创性的作品，这样的创造力应该能充分活用在工作或日常生活中。如果想要将其发挥在工作场合中，在取得大家的认同前，势必得先花上一番苦心。

对流行服饰、彩妆部分的品味，有时候会显得稍微花哨艳丽。试着收敛一点，相信更能够发挥、彰显你自身的特质。

第6类 长无名指×短小指

无法活用创造力的类型

你拥有自己独特的感性，可惜的是你不太懂得如何发挥。由于你不擅长向他人表达自己的意见或自我行销，因而无法获得他人的认同，也容易感到苦恼或累积压力。其实，如果想要发挥自身的才能，比起通过沟通、与他人谈话的方式，你显然比较适合将其表现在可以独自一人完成的工作上。

自己一人默默完成作品的你，是属于受到世人瞩目的艺术家类型。因此，若能将你的创造力放到作品的创作上，不失为一个解除压力的好方法。

你有十分特别的感受力，拥有很丰富的创作才华，只是在团体中无法掌握机会来发挥这份才能。因此，凭借个人独自的努力，较有机会让你的才能开花结果。

想要得到周遭认同的简单方法，就是在众人聚集的场合中，主动提出想担任摄影或记录等职务，相信这将成为你向他人展现自身才华的时刻。

在流行服饰的穿搭上，你常会故意选择最安全、普遍的穿着。其实，你应该多多表现自己的特色，不妨尝试一些不同的颜色搭配。

第7类　短无名指×标准小指

对品味及才华漠不关心的类型

你对于自己所拥有的感受力并无多大关心。因为你喜欢风平浪静地安稳度日，所以对于独特性或感性等事物，其实没有太多兴趣。这样的你总是显得从容不迫，将最真实、直接的自己呈现在大家眼前。你很少会认真思考自己的才华或价值观，也不会自己主动锻炼、琢磨这一部分，所以会将这份天生难得的才能浪费了。

你本身具有的素质及才华，常因你的忽略而沉睡不醒。

你拥有自己都无法察觉的审美观及才华，所以请试着去审视、发现它存在于哪个部分，又具有何种发展的可能性吧。对于自己有兴趣的东西，毫不犹豫地伸出你的触角吧！一旦注意到适合自己的东西，你就会立刻展现积极的态度，对于磨炼这项才能的兴致也会因此升高。

这种类型的人只要开始有所动作，就能够渐渐发挥自己的创造力。你的配合度及协调性很好，在团体工作中，能设身处地为他人创造出适合的作品。

在流行服饰品味方面，容易显得过于朴素的你，应该偶尔冒险一试。

第8类 短无名指×长小指

善于规划的多才多艺派

你十分善于安排、整理自己的思路。虽然你的品味及感性并不特别突出，但能将自己所感受的事物，以十分聪明的方式表现出来，能利用既有的才能来表现自己。

比起一些独特的艺术性，你对于大众化的事物有较敏锐的感受力，并且能与周遭的人分享这份价值观。因此，你能创作出大多数人所指望的一些作品。

极富创造力的你，在日常生活中会随意从一些小地方找到灵感，并借此创造出新的事物。喜欢动脑筋、花心思的你，总能发挥自己与生俱来的品味。

只要你能让自己的品味发光发亮，相信活跃的领域将更广阔。多到剧场或美术馆这类地方走走，接受更多灵感的刺激吧！

你的缺点是注意力总是无法集中。因此，容易分心或转移注意力，尽量同时涉猎不同领域的事物，应该可以更有效率地发挥自己的才能，这样也才能活用时间。

对于流行穿着及彩妆，你总是不需花大笔的钱，就能将自己打扮得很漂亮。尤其是你百变穿搭的能力，总是让周遭的人感到惊艳。

第9类 短无名指×短小指

品味普通派

短无名指显示你对于美丽的事物，并没有太多的关心及好奇。你对这些事物的感受力显得很诚实、直接且被动。当所处环境产生变化时，自己也会跟着受到影响。短小指代表了能够临机应变的协调及随和性，也暗示有被动的倾向。因此，这就说明了你的同化性很高。

你具有与他人一样的普遍价值观，所以常常无法跳脱出这股潮流的框架。只是一味被动接受的你，很难自己主动创造出新事物。正因如此，你能够乐在其中地尽情享受，属于一位优秀称职的消费者。

因此，你的创造能力并不高，比起从事新事物的产出，你更善于利用、享受既有的东西。

你对流行服饰与彩妆的注意力较弱，但是对于已经买到手的东西，应该可以借由自己的方式，使其展现出更高一等的品味，所以在这方面，你不妨试着多作投资。跟随流行的脚步固然很重要，但重点仍在于是否适合自己。

这种类型的人只要琢磨自己的品味，相信绝对有发光发亮的一天。

第10章

可看出结婚运的中指与无名指

●你的结婚意愿强弱，你对婚姻抱着什么样的期待？这些都可从这两根手指的占卜中了解。

●无名指与婚姻有很深的关系，它可以显示出你心目中的理想目标及对婚姻的憧憬。

●而中指代表你的社会性，从这里可以知道你在现实中所追求的婚姻模式。

●从中指与无名指的不同长短比例组合，可以看出适合你的幸福婚姻。

中指&无名指的九种组合

（分辨力）（感性）

无名指是“ring finger”，也就意味着它是套上戒指的手指，将订婚戒指或婚戒戴在无名指上，向他人表示自己已心有所属。因此，无名指与婚姻的关系很深，并且也具有很大的影响力。

从无名指可以看出你对另一半的了解有多少，以及你对未来的婚姻怀着什么样的憧憬，又将会如何经营未来的婚姻生活。

就如大家常说的，结婚是一份“永久职业”，夫妻关系其实就像是你的职务一般。因为这是一个需要认真努力的“工作”，当然会受到表示工作运的中指的影响。

中指代表了自制力、责任感、金钱观等，这些都是婚姻生活中不可欠缺的元素，因此它也是影响你的结婚运势的手指。

这两根手指中所隐藏的“分辨力（中指）”及“感性（无名指）”，可以告诉我们自己的婚姻模式，以及夫妻生活应注意的地方。另外，自己所适合的结婚对象，如何经营家庭才能拥有幸福的婚姻等，都能从这两根手指中获得答案。

中指与无名指的特征

短中指

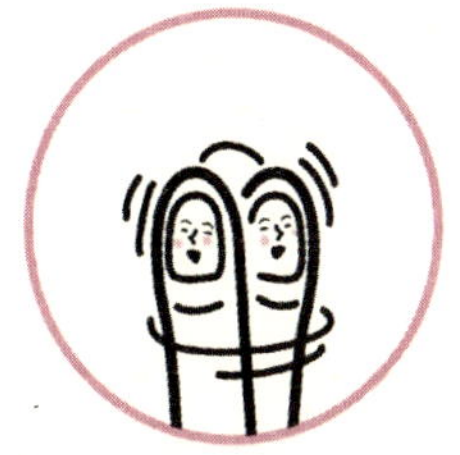

具有行动力的自由派

迅速果决的实践能力，让你能够早一步作出判断，所以你很擅长机灵、利落地行动。美中不足的是思虑略欠周详，容易有贸然决定的冲动倾向。开朗活泼的你总能够带动现场的气氛。

长中指

烦恼多的高傲类型

难以向他人妥协的类型，所以常会强迫他人接受自己的意见。散发出独特魅力、具有中心人物特质的你，总会吸引周遭众人的目光，但是你需要注意的是容易想太多。

标准中指

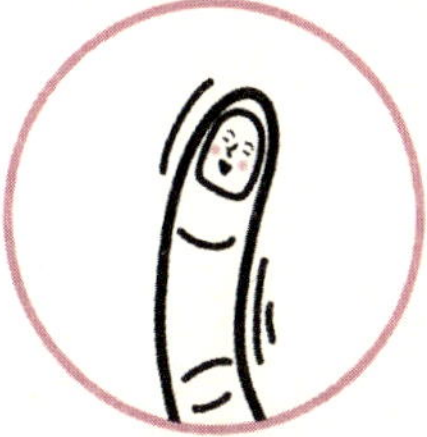

身段柔软、有常识的人

柔韧的你具有能屈能伸的社会性，无论在何种人际关系中，都能立刻与大家融洽相处。另外，有常识的你也有很好的执行能力，是能够在公私之间取得最佳平衡的类型。

短无名指

无法察觉自身素质的糊涂派

感受力不足的你对于外在美丑显得漠不关心。你并没有想要引起他人注意的欲望，所以就算完全被他人忽视也无所谓。

长无名指

超级有个性的爱现派

在审美观及品味方面都很强的你，可以获得不错的名誉及名声。但是，想要成名的欲望过强，反而会使你利欲熏心而跌得很惨。

标准无名指

个性不明显的中庸派

你对事物拥有标准的感受力，所以审美观也不会与大家差距太大，属于能够跟上流行脚步的类型。但是，略嫌没有个人特色是你的缺点。

第1类 标准中指×标准无名指

不擅长处理麻烦事的安稳派

这一类人对于结婚有强烈的渴望，但是也不会显现出过度积极或贪婪的样子。你总是照着一般常规的模式走，所以只要到了适婚年龄，自然就会出现想结婚的欲望。不过，你喜欢一切顺其自然，配合自己的生活规划再步向礼堂、走入婚姻。

很会照顾另一半的你，婚后生活能够十分稳定，而且能将自己的主张向对方表达，在需要让步时也会适时地退一步。只是，你对于一些麻烦的问题或突发状况不太擅长处理，所以当家庭关系不安定时，心情也会随之动摇。适合你的理想对象，是能够支持你、沉稳庄重的人。如果能够选择拥有领导能力、遇事冷静处理的人，相信你在任何情况下都能安稳地度过。

憨厚踏实的你，不会为了金钱问题而苦恼。婚姻生活维持愈久，两人关系的根基愈能稳固。唯一令人担心的是，这种类型的人在婚后会开始失去打扮的兴趣，总是把现实生活摆在第一顺位，使得夫妻间的心动感觉愈来愈淡。所以，你应该学习将另一半视为“异性”，并且努力提升自己在性方面的魅力。

第2类 标准中指×长无名指

现实型的浪漫派

虽然你很期待幸福美好的婚姻，但是也会考虑现实的层面。内心经常描绘浪漫的理想婚姻，择偶条件也相对较高。尽管如此，你并不会对这些条件有太多坚持，具有互相妥协的柔软性，不会因为好高骛远而错过适婚年龄。

你很期待结婚，但并不会显得焦急，能够按照自己的步调，逐步迈入婚姻生活。

婚姻生活中的你，会发挥自己丰富的感受力，成为带动家庭气氛的核心人物。而在夫妻关系中，你总希望能握有主导权。但是，如果态度过于强硬，会成为双方冲突的主因，所以请别忘了尊重另一半的意见。对你来说，在外人面前以另一半为重、在家中以自己为主的关系才是最理想的。

基本上，你有踏实的金钱观，但也难免会有打肿脸充胖子的浪费行为。所以，你应该避免将金钱花在无用的购物上，而是优先考量实用的东西。

第3类 标准中指×短无名指

错失良缘的被动派

你对于结婚是处于被动状态的，尽管你期待婚姻，但是不会自己主动地积极追求。你总是配合对方的步伐，绝不会自己主动求婚或提出结婚的话题。因此，这样的你容易不小心让机会从手中溜走，所以适时地表达自己内心的意见是很重要的。

结婚之后的你能够和另一半互相照应，两人会确实扮演好夫妻的角色。因为你的配合度高，会扶持另一半，为他打气加油，因此可维持圆满和谐的家庭关系。而你悠游的个性注定你不善主动出击，所以如果另一半是能够推你一把、助你一臂之力的对象，两人的夫妻关系将会取得最佳平衡。

你们的经济状况非常安定，也不会有浪费的支出，虽然不是奢华的婚姻生活，但也不至于贫困度日。只要能够有计划地储蓄，在一些特别的纪念日中，稍微奢侈一下应该也无妨。不需要过度勉强、刻意地节俭，相信你们也能过小康家庭的生活。

需要稍加留意的地方是你会容易被世俗的常理牵着鼻子走。其实，夫妻之间并没有所谓的定论，只要找到最适合你们俩的独特方式，建立起一个专属于你们的家庭即可。

第4类 长中指×标准无名指

谨慎过头的龟毛派

虽然你对结婚怀着不少憧憬，但你是无法轻易妥协的类型。你是那种为了追求理想婚姻而勇往直前的人。虽然你所开出的理想条件并不特别苛刻，但因为你会坚持自己的主张，而使得另一半对你产生负面印象，对你的感情也因此变得冷淡。过度顽固倔犟的你，容易让机会就此消失。

另外，你的思虑缜密，所以在挑选对象时会显得格外慎重，并且具有很强的戒备心。就算哪天对方向你求婚了，你也会忍不住怀疑对方是否别有用心，而对自己的答案稍作保留。

这种类型的人愈是想要获得幸福，愈容易让迈向幸福婚姻的大门更显狭窄。其实，稍微让自己放松一点，有时候结婚就是要靠一种冲动，这种想法对你也许会有不错的效果。

在婚姻生活中的你，对于生活水准的要求反而不会过度龟毛。你会为了实现自己心中的理想蓝图而努力。虽然你十分积极，但是与对方发生意见不合的情形时，可能会爆发激烈的冲突。

愈是固执地坚持己见，双方的问题愈是难以获得解决。重要的就是两人可以互相妥协、让步，所以，试着努力倾听另一半的心声是你必须努力要做的。

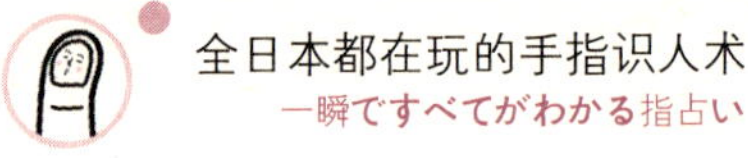

第5类 长中指×长无名指

条件过多的完美主义派

注重虚荣外表且条件很多的你，虽然有很崇高的理想，但对于结婚总是踌躇不前。而且，你本身对于结婚并没有抱太大的期望。充满干劲的你总认为，只要积极认真地工作，在职场上有杰出表现，就算不结婚也无所谓。

你对另一半的要求较多，属于完美主义者。因此，你总希望自己的另一半能够比你更高一筹。但是，符合这种条件的对象，常常会激发你的竞争心态。所以你愈是要求过高，愈是无法顺利交往。

虽然你的婚后生活会充满光鲜亮丽的一面，但是相对的也有不安定的因素。因为你喜欢在夫妻关系中掌控主导权，所以最后容易变成独裁者的作风，应该多加注意才行。不过，你敏锐的感受力及周到的思虑，能够维持一个不错的家庭生活。

完美主义的你对结婚已经没有太多期望了，却又拘泥小节，所以这就成了你的致命伤。其实，不需要想得太多，试着将婚姻想成是爱情的延伸即可。与其东想西想，还不如靠直觉行动，相信能让结婚变得更简单。

第6类 长中指×短无名指

抗拒结婚的怕麻烦派

你对婚姻不会有太大的期待，但是对于生活方式有自己的坚持。如果必须配合对方，或是勉强去做一些自己认为很麻烦的事，你就会产生抗拒。不过，若对方能够强硬地拉着你向前走，应该也能顺利地一起迈向终点。如果无谓地浪费太多时间，反而会使你有机会去想一些不必要的事情，因此浮现放弃的念头。

你的婚姻生活除了应多小心夫妻间的争执外，大致上没有太多问题。双方发生冲突之后，常会有下不了台的尴尬场面，所以当你感受到对立的气氛时，请记得先退让一步吧。

如果能以对方的意见为重，你的主张就能获得认同。只要聪明地掌好船舵，就可以建立一个你心中所想要的家庭。

结婚之后的你，在夫妻关系中会变得千篇一律，没什么变化可言，所以适时地加入一些刺激与新的变化是很重要的。试着记住一些特别的纪念日，偶尔体验一下只有夫妻两人的甜蜜约会都是不错的方法。利用你的独特品味，为家中或庭院营造一些浪漫的气氛，相信也能让生活更多姿多彩。

第7类 短中指×标准无名指

不拘小节的行动派

还没讨论到结婚的话题之前，你总是一副泰然自若的样子。但是，只要结婚的话题一浮出水面，你就会立刻迅速地直奔终点。因为你拥有超凡的果决判断力及执行力，所以很有可能会闪电结婚。

你不会拘泥一些小细节，所以总能快速朝目标前进，但是如果只重视进度也不太好。千万不要忘记得到周遭亲友的认同，脚踏实地地一步步往前。如果光是被一股热情冲昏了头，到头来可能会后悔。

你所营造出的婚姻生活及家庭气氛，应该是以你为中心而架构起来的。具备一般常识的你，不会因为虚荣心作祟而有浪费的行为。只不过对于某些事情会有做过头的倾向，请你养成获得另一半与家人同意之后再行动的习惯。

这种类型的人可以营造出一个温暖、活泼的家庭气氛，但是应多注意发生草率疏忽、顾此失彼的状况。只要对方是个稳重踏实的人，相信你们可以产生两人三脚、同心协力的力量。家庭圆满和谐的诀窍，就是别凡事都自己一人扛。

第8类 短中指×长无名指

龟毛的积极派

你向往华丽的婚姻生活，所以会很主动地把握各种机会。属于积极行动派的你，甚至很可能会由自己提出结婚的意愿，所以是容易闪电结婚的类型。

但是，这样的你在选择结婚对象的时候，难免会有过多的要求。你会严格挑选另一半的身份地位及外貌，并在这一部分显得十分固执。

因此，当事情无法如自己预期般地进展时，你对另一半的感情就会立刻生变。因为你的情绪变化无常，就算已经顺利讨论到结婚的话题，也可能会突然被你全面推翻而当场破局。

要想迈入幸福婚姻的第一步，就不能心血来潮，请你一定冷静认真地思考及应对。

结婚之后的你，更能发挥敏锐的感受力，点缀你的家庭生活，成功经营一个朝气蓬勃的家庭。比起婚前的你，婚姻生活中的你会显现更多的安定感，使自己有所成长。

但是，这种类型的人在婚后仍会有谈恋爱的倾向，所以为了不引发婚外情的问题，请一定克制自己的欲望！

第9类 短中指×短无名指

人生比婚姻重要的自我优先派

这种类型的人对于结婚没有太大兴趣，反而会把自己喜欢的事物，如工作、个人兴趣或朋友间的交际摆在第一顺位。拥有行动力的你，只要决定结婚，就能迅速果断地一步步实现，最后顺利地步上红毯。只不过你还是对结婚以外的事情较有兴趣，所以容易让机会在不自觉中悄悄溜走。

活泼开朗的你，在婚姻生活中是位能带动家庭气氛的核心人物。同时兼顾家庭及工作，是这类型人的主要特征。因为夫妻双方都在外工作，可能会为了拿捏家庭与工作上的平衡，而与另一半产生争执，但是因你拥有女性特质的文静气息，所以夫妇关系仍属和谐圆满。

在婚姻生活中的你，常常会忘记琢磨、锻炼自己，所以夫妻间的甜蜜气氛可能会渐渐消失，请随时记得维持恋爱的感觉。有时候，试着依赖对方也是很重要的。如果凡事都只想靠自己完成，容易因过度逞强而失去坦率真诚的一面，所以偶尔对另一半撒撒娇也是好事。

你的理想对象应是默默耕耘、埋头苦干的类型。能够跟上你的脚步，并且拥有沉稳冷静特质的人，应该就是你的幸福使者。

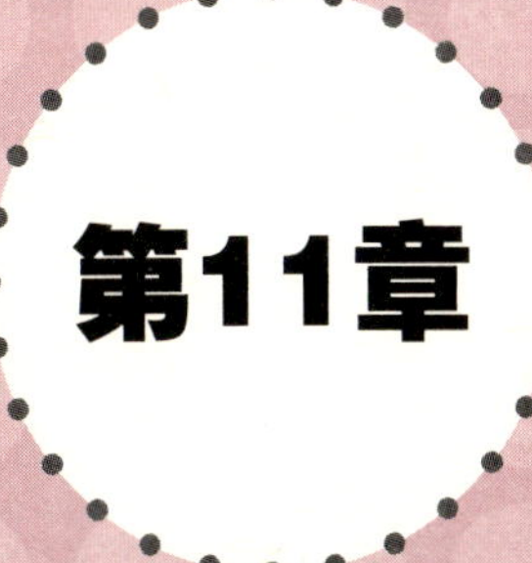

第11章

大拇指与食指所表示的交友运

●从大拇指与食指可以知道你在待人处事方面的能力，以及你在他人面前的行为举止。

●大拇指还能够看出你的意志力强弱及理性的观感。

●从食指可以了解你在别人眼中是什么样子。

●这两根手指不同的长短比例，会影响你与他人的交际模式。

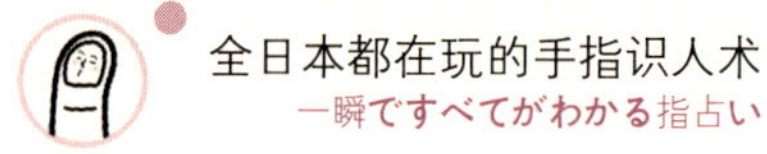

大拇指&食指的九种组合

（表面人格）（自尊心）

大拇指及食指是了解你与他人关系的线索。

在五根手指中，只有大拇指长在不同的地方，而且是和其他四根手指面对面相望的，所以大拇指是很显眼、极富特征的手指。大拇指可以代表你的“外在人格”，也就象征着在他人眼中所看见的你。因此，大拇指能帮助你客观地了解你从来都没有发现的另一个自己。

而身为大拇指邻居的食指，它所代表的是“自尊心”。当我们要利用手指表示“一个人”或“第一”的意思，以及要指向某人或某物时，所使用的就是食指。由此可见，食指象征着自己的意志及方向性。总而言之，食指可以显示你希望自己在别人眼中是什么样子，以及你在别人面前的行为举止。

大拇指及食指的组合可以告诉我们，自己在待人处事方面的立场及姿态。它们不仅能够看出你与朋友的关系，还可了解在团体中你扮演何种角色。

另外，什么样的人才是最适合你的知心好友，也能从这两根手指知道。

大拇指与食指的特征

短拇指

感性的撒娇鬼

容易受到感情左右的软弱类型。感情丰富的你有一颗温柔体贴的心。美中不足的是你爱撒娇的个性，常会使你无法果断地作出决定。

长拇指

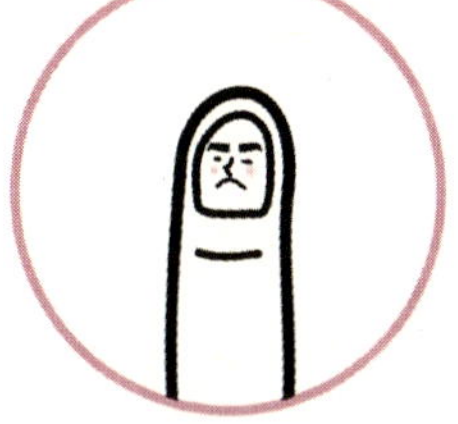

意志力坚强的顽固家伙

十分理性且意志力坚强的类型，你可以极为冷静地处理事情。但是，过长的大拇指代表你是顽固不化的人，容易与周遭的人发生冲突。

标准拇指

具安定感的可靠之人

你的意志力、理性及感性都能取得最佳平衡，属于稳重沉着的类型。基本上，冷静的你无太大的情绪起伏，所以可能会令人觉得有些冷淡。

短食指

躲在角落的吃亏类型

对所有事物都消极对待的类型，因为缺乏自信而常躲在角落独自思索。若能好好地配合自己的步调，相信你就可以拿出努力的精神。

长食指

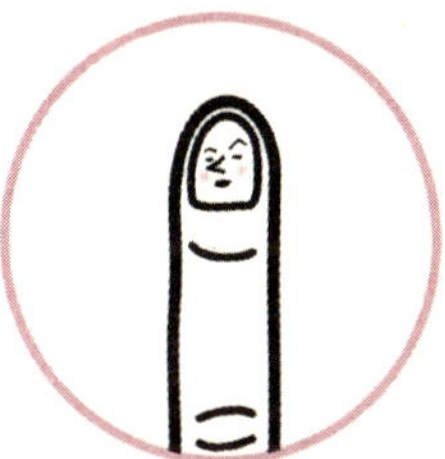

受自尊心摆布的类型

食指愈长的人愈顽固，还自以为是。因为自尊心颇高，爱面子的你会督促自己必须不断努力。但是，容易自满与看扁他人是你的缺点。

标准食指

随和的稳重类型

外表十分随和的你，内心却格外坚强。很有上进心的你，是能一步步持续努力的类型。在团体或组织中能够与大家相处融洽，但并不会随波逐流，甚至一人单独行事也能轻松胜任。

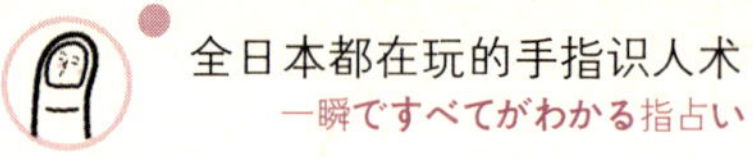

第1类 标准拇指×标准食指

待在安全范围内的冷静派

你非常清楚在他人面前应该怎么做。所以，在这方面你能取得良好的平衡感，与朋友的关系也非常稳定。你不但能理解对方的心思，还可以确实表达自己的意见，能与他人建立起对等的关系。

只要对方不会太过任性或固执，你就能接受并宽容。基本上，你对于他人的事情不会插手或发表太多个人意见。同样，对于自己的事情，当然也不希望对方插手管你，或是说一些风凉话。因此，你和朋友们稍微保持了一些距离，虽然能够和大家打成一片，但是很难有根深蒂固的情谊。

在团体中，你总是站在最中间的适当位置，并非完全融入其中，但也不是保持疏远的关系。因为你总是与他人保持一点适当的距离，所以是最没有争议的人。你能够公平地对待每一个人，并且拥有冷静沉着的个性，所以应该常会有人请你担任调停或排解纠纷的工作。

这种类型的人是最容易信任的对象，应是独立心强且性格直爽的人。你与个性直爽、率真的人会比较投缘。

第2类 标准拇指×长食指

不说真心话的自我派

从外表看你是个颇随和的人，其实内心的自我意识很强，所以你不太喜欢对方过度干涉或过问你的事情。因此，你与朋友的情谊通常仅止于点头之交。除非是能够真正了解自己的人，否则很难与对方发展出更深的情谊。

你对他人的防备心很强，会刻意与对方保持一定的距离，所以你在别人眼中的印象，应该属于非常冷漠的类型。但是，对于亲密的朋友或另一半，你会很真实地呈现自己内心的那一面，所以与你亲近的人反而会觉得你是爱撒娇的人。

你会用最安全的方式与大家维系关系，所以握有一定的人脉。只是在团体中常常因为自己的意见无法获得实行，容易累积不少压力。

你需要的是更轻松乐观地看待每件事。只要你能敞开自己的心胸，相信对方也会张开双臂欢迎你。

如果周遭能够出现认同自己并诚实对待自己的人，你就不会对他产生戒备心，如此一来也能与对方成为深交的好朋友。

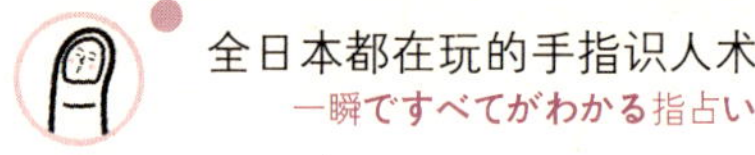

第3类 标准拇指×短食指

隐藏不安的战战兢兢派

表面上看起来很冷静的你，其实内心总是提心吊胆、惴惴不安。在朋友面前，你总是努力维持自己的存在感，但是另一面其实隐藏着你害怕面对人际关系的恐惧。这样的你常常会显得太过冷淡。交际这件事，对你来说通常是一种压力。

这种类型的人容易为了隐藏、遮掩自己脆弱的部分，对外筑起警戒的高墙，所以和朋友的关系很表面，很难有深交的知心朋友。这种淡然的交友方式不会产生太多问题，虽然平安稳定，但是无法从中获得更多的东西。

外表和蔼可亲的你，在外的风评绝对不差，但是仍会给别人难以亲近的印象。尤其是在团体中，常常会让他人感觉不到你的存在。

不太显眼的你，天生就无法受到大家的关照，属于吃亏的个性。只要能够稍加用心经营自己，相信就能轻松地交朋友。你所需要的是能牢牢牵住你双手的朋友，就算对方采取稍微强迫的态度，只要他能进入你的世界，相信就会为你的人生带来更丰富的内容。

第4类 长拇指×标准食指

冷静沉着的顽固派

你会确实表达自己的主张，但并不是那种独断专行的作风，也不会因为任性而使周遭的人感到困扰。能够适当地衡量当下状况及对方情绪的你，具备了冷静、沉着的判断能力。在不伤害对方的前提下，你总可以就事论事，清楚表明自己的立场。

你强烈希望与他人是公平对等的关系，所以喜欢撒娇的人对你难免会产生距离感。因此，无法从他人身上获得的情谊，就会转移到自己的好朋友身上，所以你与朋友的情谊比较深厚。

在组织或团体中，你给人的印象属于稍微难搞的类型。虽然你不会感情用事，能够稳重沉着地应对，但是遇到自己不喜欢的事情，仍会大声地说出来并坚持己见。所以，虽然你很懂得掌握当下的状况，但也不会任凭他人摆布。因此，你有时候会被他人视为顽固的家伙。当你嗅到空气中的火药味时，应该早一步抽身以明哲保身，才能避免不必要的麻烦。

这种类型的人适合交往的对象，应是同样具有理性气质的人。如果对方在理性之外，兼具感情丰富的一面，相信你们将能发展出更深厚的友谊。

第5类　长拇指×长食指

独立心强的首领派

自尊心高且意志力强的你，在骨气与斗志方面绝对不输给任何人，虽然能够获得大家的认同，但是在人际关系中会感受到极大的压力。

讨厌私下串通作风的你，个人的交友圈有较狭窄的倾向。如果参加集体行动，要不就是不分公私、保持中立的态度，不然就是极为偏袒与自己要好的一方。因为你不会勉强自己去配合现场的气氛，所以在团体中特别容易引人注意。这样的你还是适合人数较少的小团体行动。

对待朋友总是光明磊落的你，虽然会有一点自以为是，但能像大姐姐一样照顾别人。因此，你通常是站在比对方强势的立场。就算对方比你年长，你也敢直接说出反对意见，甚至产生敌对的意识。

你的个性属于我行我素的类型，容易有被孤立的现象。因此，你应试着结交一些随时能谈心的朋友。能在双方的关系中表现最真实、不做作的自己。

因此，对于个性纯真且无恶意的人，你较能坦承以对。

第6类 长拇指×短食指

假装没特色的个性派

你总是埋没自己的独特性，在他人面前无法发挥自己的特色。外表既文静又稳重的你，其实内心丰沛的感情是无法用言语及态度来表达的。尽管你看起来一副漠不关心的样子，但其实心里有着起伏不定的澎湃情绪。

看似毫不在乎的你，却容易为小事烦恼，或因为他人的一句话而受伤。将这些事情一直放在心上的你，在人际关系上容易消极。在与朋友的交往中，你为了隐藏这些弱点，而展现出理性一面，使朋友间的情谊显得十分脆弱。一旦与他人发生冲突，或是气氛闹僵，你会主动保持距离，并渐渐开始疏远。

身在团体中的你，不希望自己太过显眼，只求能安稳度日就好。其实本质上，你拥有强烈的自我主张，如果硬要配合他人就会让你感到十分痛苦。因此，你渴望无须勉强配合别人，就能拥有良好的人际关系。

适合你的朋友对象应是对你要求不多且稳重大方的人。如此一来，相信你必能和对方交心，在淡淡的关系中寻求互相理解。

第7类　短拇指×标准食指

好恶分明的撒娇派

这种类型的人能够拥有许多感情要好的朋友，是配合度极高的撒娇鬼，总会在不经意间，让事情顺着自己所想的方向进行。另外，感情丰富的你，对于有困难的人绝对不会弃而不顾。

好恶分明的你并不会笑颜对待每一个人，虽然会很亲切地对待一些特定的好朋友，但是面对自己讨厌的人或是觉得难以应付的对象时，就会与其划清楚河汉界，离他远远的。你认为不需要勉强自己去交朋友或刻意迎合别人，正因为如此，你的交友圈略嫌狭隘。

对于团体中的事情，你并不会太过坚持。虽然你会适当地配合大家，但是若遇到自己不顺心的事或看不顺眼的人，你就会立刻保持距离。如果硬要勉强自己配合对方，你很有可能就会成为引发问题的主角。

虽然你有一定的理智，但仍是会在不自觉中变得任性，只要在这点上多加注意，相信你的朋友就会自然增加。你与宠爱有加的大姐姐型的人非常投缘，所以若能借着这种类型的人拓展人脉，在社会上应该会有更高的活跃度。

第8类 短拇指×长食指

只爱自己的制造麻烦派

你的自尊心作祟，常常使得自己备受折腾。就算理智告诉你这样不对，自尊心也会让你无法克制自己的感情，坚持己见并强迫对方接受自己的主张。但是，如果刻意收敛这份情绪的话，反而会对“朋友”这层关系感到痛苦。像脱缰野马的你，通常只会寻求能接受自己的朋友。这样的你在团体中容易上演独角戏，并且常常引发麻烦。

在朋友眼中的你，虽然表面上看似很会炒热气氛，但是也意味着你有像小朋友般不成熟的个性。试着多多增广见闻，不要只以自己为世界的中心，养成从他人立场出发、接受对方的习惯吧。

另外，平常总是处于亢奋情绪的你，更应注意情绪低落的时候。因为你的自尊心很强，所以一旦感到气馁，容易自暴自弃，因此失去自己重要的朋友。发生这种状况时，在自己情绪稳定下来以前，应该先学着自己一人独自忍耐！

稳重踏实且兼具母性特质的温柔又严厉的人，就是你最需要的朋友。

第9类 短拇指×短食指

随波逐流的服务派

属于被动类型的你，虽然有很丰富的情感，却容易受到周遭环境的影响而随波逐流，因此在团体中无法适当地表达自己的意见。愈多人数的大型团体，你就愈无法体验其中的快乐。所以，较少的人数，且已互相摸清对方脾气的朋友，才能让你感到安心。

在与朋友的交际互动中，你大多是爱撒娇的一方。对于自认为重要的人，你会毫无保留地为对方付出一切，也会在无意识中期待着对方的回报。你不太会主动拓展自己的交友圈，所以只会从现有的几个知心朋友中，去发展更深厚的情谊。

你在人际关系中的问题，就是不会将自己心中所想的事情诚实地说出来。如果你对别人付出很多，却又会不自觉争风吃醋的话，那就不妨直截了当地告诉对方，表达自己的需要，这样才能减轻自己内心的压力。试着与对方维持一种良性的“施与受”关系。

心直口快的人，虽然一开始会刺伤你，但这样的人才是真正关心你的好朋友。

第12章 隐藏在中指与小拇指里的工作运

●想要占卜自己的工作运，就从中指和小拇指入手吧。这两根手指不仅可以看出你在职场上的运势，还能了解你在社会上的活跃程度。

●从中指与小拇指的组合，可以知道适合你自己的工作类型。其中更隐藏着成功的关键，是能理解自己的线索。

●这里应注意的重点并非运气本身的好坏，而是其中隐含的倾向。

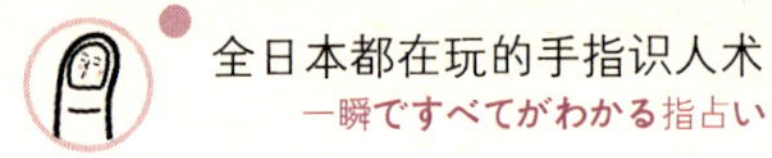

中指 & 小拇指的九种组合

（分辨力）（表现力）

五根手指中最长的中指加上纤细的小拇指，其中隐藏着你在工作方面的倾向及成功的可能性。暗示着“社会性”的中指，可以告诉你自己适合哪种职业，以及职场上的你是什么模样。

而代表“表现力”的小指，显示的是你的沟通能力，从这里能够看出你在职场里的地位，以及你和同事之间的关系。另外，小拇指也会影响你升迁的快慢。小拇指还能表示你天生的心理状态及内心不为人知的一面，所以也可间接知道你的抗压性强弱。

另外，中指可以表示你的金钱价值观，所以与工作收入有很大的关联。

这两根手指并不一定是愈长愈好，依照长短比例的不同搭配组合，工作运也会随之变化，所以当然是有好有坏的。先找出自己的中指及小拇指的组合类型，了解你所适合的工作，才能知道如何聪明地处理好自己的工作。

在不景气的大环境下，更需要找到真正适合自己的职业。另外，如果想要让目前从事的工作能长久维持下去，就从这两根手指找出自己所欠缺的东西，以及该努力的地方。

中指与小拇指的特征

短中指

具有行动力的自由派

迅速果决的实践能力，让你能够早一步作出判断，所以你很擅长机灵、利落地行动。美中不足的是思虑略欠周详，容易有贸然决定的冲动倾向。开朗活泼的你总能够带动现场的气氛。

长中指

烦恼多的高傲类型

难以向他人妥协的类型，所以常会强迫他人接受自己的意见。散发出独特魅力，具有中心人物特质的你，总会吸引周遭众人的目光，但是你需要注意的是容易想太多。

标准中指

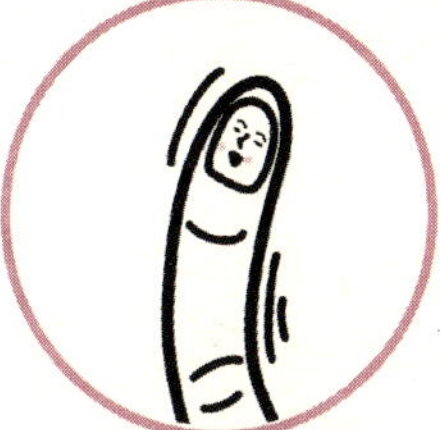

身段柔软、有常识的人

柔韧性高的你具有能屈能伸的社会性，无论在何种人际关系中，都能立刻与大家融洽相处。另外，有常识的你也有很好的执行能力，是能够在公私之间取得最佳平衡的类型。

短小指

精明过头的交际家

你对周遭环境的适应能力很强，无论对象是谁，你都可以随机应变，属于协调性极佳的社交家。但是，你对于自我营销的能力略嫌不足，所以与他人的交往容易只限于表面关系。

长小指

服务精神满分的交际家

你是十足的交际家，说话时的魅力可以吸引他人的目光。你能够适当地掌握听众的情绪，但是也有适得其反的时候，因此招致他人的误解。

标准小指

干脆爽快的交际家

你的内在具备了安定、稳重的气质，不喜欢发生冲突的你可以和他人建立起良好的人际关系。社交手腕不错的你，应该有不少朋友。

第1类 标准中指×标准小指

安全确实的牢靠型

标准中指与标准小指的组合，就是勤劳踏实地做好分内工作，并能确实达成一定业绩的类型。但是，这样的你对于工作并不会太过执著，所以在这个竞争激烈的社会中，你的起跑速度会稍微比别人慢一点。对于别人托付给你的工作，一定会努力地完成，这就是认真踏实的你在职场上的个性。

你具有一定的社交手腕，所以在职场中的人际关系还算和谐。除了自己的同事，你对上司或下属等都能维持良性的关系。你会站在自己的岗位上，认真地执行自己应做的事，确实发挥你那不好也不坏且无争议性的处世原则。

你所适合的工作应是公务员或大企业、大公司中的员工，而强烈受到时间拘束的工作不太适合你。如果是会影响自己私人时间或个人隐私的职业，可能会让你累积不少压力而无法持久。在稳定的职场中以自我的步调行事，才能发挥你自身的优点。

比起升官或升迁，能够从事适合自己的工作，才会让你感到幸福。虽然你的工作收入只是勉强过得去，但是已足够应付不景气的大环境了。

第2类 标准中指×长小指

重视沟通的服务型

你是具有社交手腕的类型。无论是在何种职场环境，你都能与他人维持良好的人际关系，并且不费吹灰之力和大家打成一片，这样的你就像是职场里的润滑剂。另外，因为你的好人缘，非常适合服务业、业务、柜台等与人接触的工作，如此才能发挥你的能力。对于比较正经八百的工作，虽然你也可以负责地处理好，但是一个人独自作业可能会让你备感压力。职场的环境就是左右你工作运的主因。

与其贪心地寻求升迁或加薪，你应该将重点放在工作中的自己，是否能找到真正的乐趣。你对他人有很旺盛的服务奉献精神，若是别人有求于你，你更能加倍地发挥实力。因此，你很适合社会福利事业或看护的工作。

你除了具备一定的常识，且有寻求稳定感的信念外，还有优秀的自我企划能力。拥有独特品味的你，说不定也能试着独立，从事比较自由性质的工作。

受到大家喜爱的你，对于工作并不会感到痛苦。周遭的朋友常会给予你适当的协助，只要你能悠然自得地面对工作，自然就会得到升官的机会，找到适合自己性格的工作。

第3类 标准中指×短小指

配合度高但不够专精型

能够将自己融入职场气氛中的你，对于任何工作应该都有办法适应。唯一要注意的是你容易变成“样样通却样样不精”的人。当别人拜托你，或将工作交付给你时，你通常不会拒人于千里之外。所以，可能会有被他人利用的危险，或是不小心成为他人向上爬的垫脚石。虽然你配合度高、个性随和，但在人际关系中遇到个性较强硬的对象时，也会因此被牵着鼻子走。

不过，憨厚老实的你，只要能遇到一位好上司，或是有贵人相助，工作运就能水涨船高。你是受到长辈或上司宠爱的类型，但是，当你想靠自己的力量努力往上爬、寻求升迁的机会时，反而无法如愿以偿。其实，只要努力做好当下的工作，相信一定会有人助你一臂之力的。

虽然你也能做好团体或小组的工作，但是其实你还是比较适合独立作业。对你来说，按照自己的步调来工作是很重要的。这样的你适合美发设计师这类需要资格或技术的职业，以及如会计等办公类型的工作。

忍耐力超强的你不会轻易更换工作，所以收入呈现十分稳定的趋势。

第4类 长中指×标准小指

不轻易妥协的龟毛型

你应属于我行我素的类型。在职场中的人际关系还能保持着协调性勉强应付，但是若谈到公事，就绝对不轻易妥协，甚至会变成顽固不讲理的人。

对自己的工作感到自豪，绝对能坚持到最后一刻，努力完成。浑身充满了师傅或专家的气息，而你禁欲克己般尽忠职守的态度，不但获得上司的认同，也受到部属或后辈的敬仰。

工作中的你会展现严厉、规矩的一面，但是只要离开工作岗位，你又能表现出和蔼可亲的态度，是公私分明的人。不过，你不会很主动地努力提升业绩，也不会夸大、张扬自己的能力，所以在团体中并不十分耀眼突出。因此，升迁速度不快也不慢。

对于要求极尽完美的工作，你也能游刃有余地做好，所以就算是个自由职业者，也能颇受好评并有稳定的收入。在一般的公司企业、打工兼职等，也能获得他人肯定，收入增加。

但是，有时对工作全神贯注的你，会变得无法与他人讲道理，可能会被孤立。此时，在职场中的你，需要的是能够让自己放下戒备心的朋友。

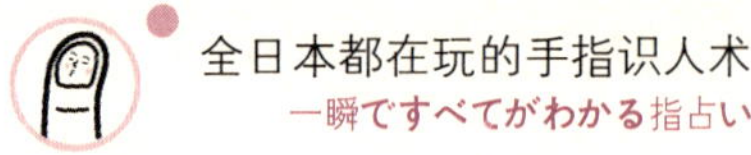

第5类 长中指×长小指

独立心强的多才多艺型

你充满了智慧与活力，属于能力很强的类型。只要是自己有兴趣或喜好的事物，你一定会想努力深究，培养出属于自己的技能。你也会因此成为职场中不可或缺的存在，并且受到大家的尊敬。

你属于职场核心人物的类型。充满话题的你，不仅能谈工作方面的认真话题，甚至也可闲聊一些轻松的事情，属于超人气天王。但是，在工作岗位上，你会变得十分严肃，对自己坚持的意见常常不轻易退让，有时会因此引起冲突或争执。在工作环境中产生的麻烦或问题，可以试着在下班后和同事们吃饭喝酒，趁机缓和紧张气氛并解决问题。

具备执行能力及万人迷魅力的你，无论在任何工作中，都能轻松地适应自如。所以，最重要的是你是否喜欢这份工作。只要自己真心喜欢，你就会心甘情愿地去做好。只要能掌握这一点，你的升官机会或工作收入就是非常值得期待的。无论是团体性的工作，或是一人独自创业，对你来说成功的可能性都很高。

第6类 长中指×短小指

既顽强又随和的混合型

长中指与短小指的矛盾组合，这样的你在职场上非常龟毛，是极为认真努力的类型；而在人际关系的互动中又能临机应变，不管是任何对象都能用柔软的身段对应，所以你同时拥有两种互相对比的能力。

你的独立自主性很强，所以不善于小组工作或是集体行动，因为你可能会成为制造问题的人物。如果必须待在团体中工作，较适合企划、研发或业务等，可以一人独自完成的工作内容。另外，如果你已取得资格证，可以试着自己创业或独立，应该更能发挥你的才能。

你具备了良好的沟通能力，懂得表达自己充满创意的点子，自我营销也做得十分完美，适合当小说家或是随笔散文作家。在团体中，你总能快速地获得升迁机会。因为大家会认同你，而且你很少犯错，所以上司会注意到你的优点。但是，你的独特性在受到大众认同前，势必会花上一段时间，在成功降临之前，会有稍微辛苦的一段路要走。

整体来看，你的最终收入是很多的，但在年轻时会有较不稳定的情况。而且，在找到真正适合自己的工作以前，不断转换行业、换工作也是这个类型的特征。

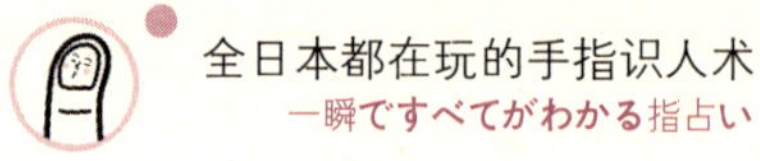

第7类 短中指×标准小指

爽快利落的领袖型

开朗又活泼的你，对于工作是属于乐在其中的类型。你的执行能力很强，总能迅速敏捷地完成工作。作决定时绝对不会犹豫的你，无论面对何种工作，都能立即掌握诀窍，以飞快的速度前进。另外，你很懂得情绪管理，所以就算失败了，也能像简单地切换一个开关般，立刻乐观积极地面对下一个工作。

而在职场的人际互动方面，你的存在总是受到大家的爱护，因此可以聚集不少人气。在与同事们同欢的宴会或聚餐场合中，你会成为大家争抢的大红人。

你能发挥集体向心力，使大家团结一心，所以常会被提拔为领导人物，并帮助提升小组的业绩，自然也能早一步获得升迁的机会。尽管你在大家眼中是个很能干的人，但你也不会因此摆架子或是骄傲自满，所以应该没有人会和你争风吃醋而扯后腿。

不过，只有一件事会降低你的工作运，那就是你冲动的个性。你不顾一切地冲动行事，有时会变成引发严重问题的导火线，这点绝对要多多留意。只要你对工作能养成冷静沉着的处事与思考习惯，相信无论任何行业及职业都能成功。

热衷工作的洒狗血型

短中指与长小指的矛盾组合，代表你将智慧与体力都全神贯注地投注在工作上。你拥有很棒的技术与能力，且能积极迅速地完成工作，所以应该非常适合职场生涯。

在职场上，你与同事间的互动关系十分圆滑。善于营造轻松愉快的谈话气氛，具有掌握他人心理及情绪的谈话技巧。所以，你适合业务、接待类型的服务业，需要与人接触的工作，将使你的能力发挥到最大极限。

无论是在团体中或是个人工作，你在社会上都能很快获得良好评价。因此，你也许会在年轻时就被托付重大责任，也有薪水瞬间加倍的好运。

但是，这种类型的人愈在急速冲刺时，愈是隐藏着突然坠落的风险。所以，你的工作顺利时，更应该时时唤醒自己的注意力；你得意忘形的时候，要小心突如其来地被人绊倒。

另外，当事情无法顺利进展时，你容易产生半途而废的想法。与其不断地换工作，倒不如放慢脚步、稳扎稳打，更能从中找到适合自己的东西。

第9类 短中指×短小指

斗志不足的配合型

你的适应能力很好，行动也很敏捷，所以非常适合生存在这个竞争的社会中。因为你可以立刻融入职场环境，所以你所适合的工作类型及领域也非常广泛。坐在办公桌前面的事务性等工作不太适合你，无法彻底活用你本身具有的特色。

另外，当职场里的人际关系过于复杂难搞时，你会因此转移自己的注意力，对工作失去专注力，并且可能因此无法交出自己预期的漂亮成绩单。过多杂务或障碍的工作，会使你因为压力的累积而感到厌烦。

虽然你有很好的能力，但是在工作方面会有点提不起劲、欠缺活力。因此，你不适合长时间或长期地专注于同一项事务中，反而是速战速决的工作才能让你更加活跃。要想发挥自己的能力，你需要的是充满变化及挑战性的工作。

因为你的配合度极高，在小组工作或与人搭档时，都能确实将工作做好，但是可能会在一味配合对方的同时，失去了自我。所以，你仍是比较适合单独行动的工作类型。如果必须与他人合作，稳重且能和谐相处的对象，才能适当发挥彼此的能力。

第13章

抓住幸福的手指、指甲的保养

当机立断！手指占卜简易版

我们要判断手指长度时，需要通过测量或比较。虽然要占卜自己的手指并不会花太多时间，但是若想给他人占卜，有的人却怎么也不肯把手“借”给你。所以，这里我要介绍一些可以从偶然一瞥或是轻触之下就能瞬间知道的占卜方法，大家不妨试着做做看。

首先，要确认的重点就是手指的关节。手指关节大致上可以分为两种类型：一种是平顺笔直，且手指本身也呈现漂亮的形状；另一种是指关节的骨头明显，比较粗壮的类型。

关节不明显、手指形状平顺的类型，是直觉比较强的人，除了有纤细敏感的感情外，情绪也很丰沛。但是，如果第一节与第二节的关节都很平整，一点也不突出，可能会过度的情绪化，而降低面对现实状况时的应对能力。这种类型的人喜欢以自己的方式活在自我幻想的世界中，所以没什么实践能力。如果你的手指关节呈现非常平滑的现象，记得要提醒自己多作一些规划，不要成天只追求不切实际的梦想。如果你的另一半是这种类型的人，切记绝对不能将主导权交到他的手里，因为他很有可能是口若悬河，却常常光说不练。面对这样的人，你应该在后面用力推他几把，不断地为他打气。

粗壮明显的指关节暗示着你有极佳的理性，不会只顾追求梦想而失去现实的理智。另外，指关节愈是突出，代表你拥有的智慧愈多。但是，若是第一和第二节的两个指关节都很突出，代表上述特色更明显，所以难免有神经质的倾向。这样的人会过度在意一些小细节，反而忽略了真正重要的部分。

其实，并不一定需要仔细地看每一根手指的关节，只要通过与对方握手，从手掌中传来的触感去试着判断即可。

手是全身的缩影

相信大家都已经知道，按压穴位可以缓解病症，并使身体保持健康。这是因为在中医的观念里，穴位都在经络上，也就是元气能量的通道。据说人的全身共有365个穴位，其中手上的穴位就占了30个左右。

手上的穴位中，中指代表头部，手背就像我们的背部，而手心则代表内脏。所以，如果从手背来看这些穴位与身体的对应关系，大拇指是右脚、食指是右手、中指是头部、无名指是左手，小拇指是左脚。反过来的手掌心部分，大拇指代表肝脏、食指是心脏及小肠、中指是胃、无名指是肺部及大肠、小拇指则是肾脏及膀胱。还有，掌心部分也有连接所有内脏器官的各种经络通过。因此，不用直接按摩身体，只要按压手上的穴位，就能对应全身的器官了。

如果想了解全身上下所有的穴位，可以参考与其相关的专门书籍或请教专业人士。这里仅介绍一些手上的穴位。

在每一根手指的指尖及指缘部分都有穴位。按压大拇指的穴位可以强化呼吸器官及肝脏。食指则能刺激小肠、帮助消化。中指的穴位能够有效减轻压力。而按压无名指的穴位会调节、促进激素

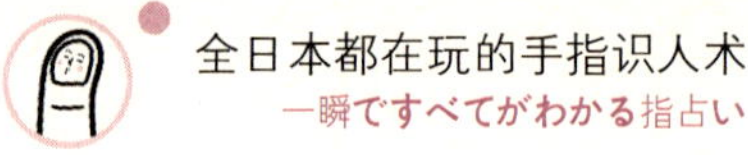

的分泌，能够减缓生理疼痛或更年期的症状。最后，在意泌尿系统的人可以按压小拇指的指尖穴位，这不仅可以促进循环，还能消除腿部浮肿。即使身体没有感到不适，也建议大家养成按摩穴位的习惯，相信会对体质的改善及调整有帮助。

手指按摩好运UP

不管你具备了多好的资质或实力，当机会降临在你身上时，若不懂得及时掌握的话，就毫无意义可言。不要稀里糊涂眼睁睁地看着机会跟你擦身而过。如果机会已经送到你的门前来，就赶快作一些能振奋精神的按摩吧！

你不妨试着用力搓揉代表内在人格的小拇指，记得将往意力放在关节的内侧。这样的按摩方式可以把压力从你的心里通通赶跑，并促进全身的血液循环。此时，跃跃欲试的挑战精神就会自动从你的内心涌现。另外，按摩小拇指也可以调整激素的分泌，使你充满光鲜亮丽的好气色，提升自己的人气指数。

如果是需要冷静沉着应对的场合，像与人交涉、谈生意，甚至是寻求和解时，就试试能让你保持冷静的手指按摩法吧。

手与手指的穴位

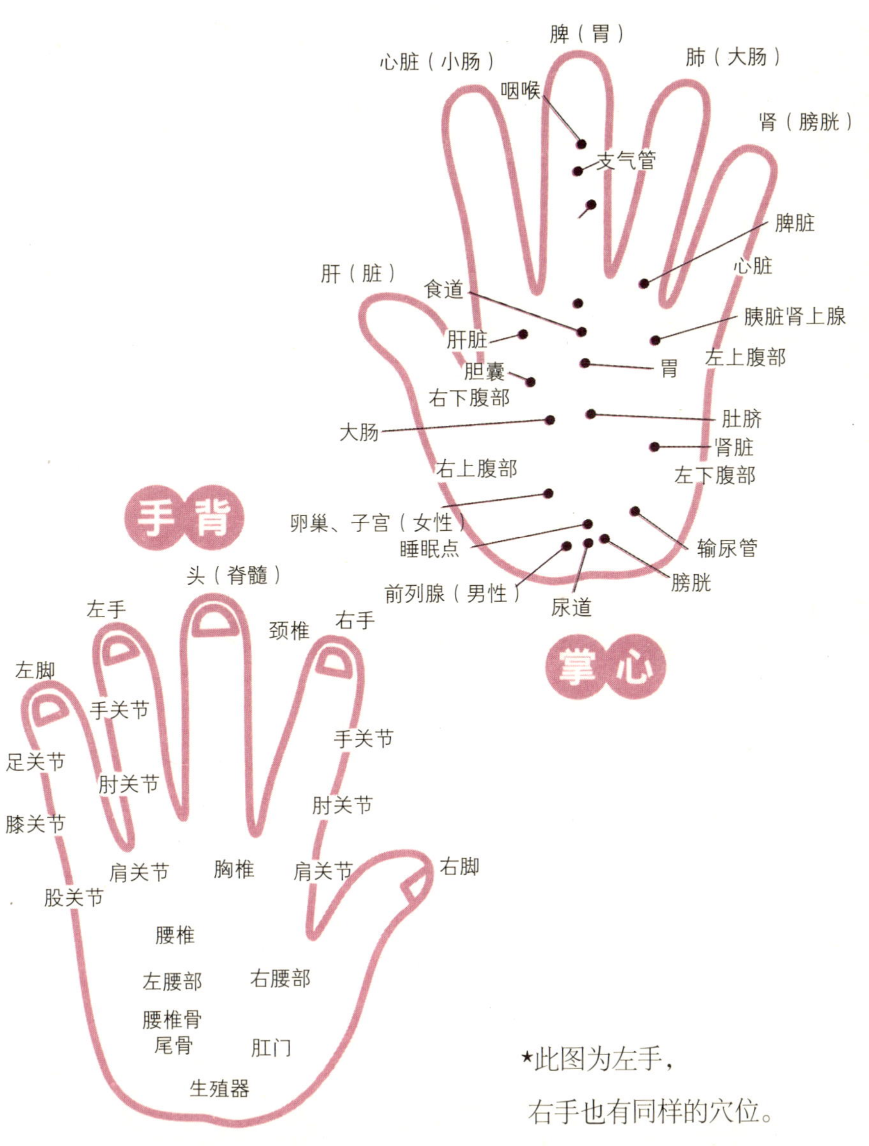

★此图为左手，

右手也有同样的穴位。

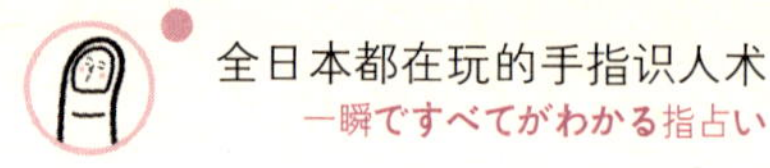

以中指的第一关节为中心，抓住指缘与第一指，像用力拉扯般慢慢地给予刺激。中指指尖的按摩可以刺激大脑与神经，让隐藏于其中的“社交性”能量瞬间倍增。如此一来，你就能保持冷静的态度，不但能顺利地与对方沟通，甚至还可进一步掌控领导权。

另外，如果想让情绪稳定，可以将重点放在手指按压上。用大拇指与食指夹住手指，大拇指放在要按压的指甲上，稍微感到疼痛才是正确的。另外，在轻轻按压之后，再按摩刚刚觉得会痛的地方。这些动作可以让你的神经放松，对于不稳定的情绪有很好的效果。当你必须站在大家面前发言，或是要对喜欢的对象告白时，相信大家都会变得十分紧张。在这种时刻，只要慢慢地按压手指的部分，就可以减缓紧张的情绪了。

注意指甲的变化

我们剪指甲的时候，完全不会感到痛或流血，但是，就像头发一样，指甲的根部是与身体连在一起的。因为指甲非常硬，甚至有人会将其误解为是手指骨骼的变形或延伸，这其实是错误的观念。我们的指甲其实是角质化后的毛状纤维，它的成分和头发一样，是蛋白质与角质素。另外，指甲与皮肤相连的部分中，聚集了许多神经末梢及微血管，所以指甲可以迅速地反映出你现在的健康状态。

标准的指甲大小及长度约占第一节的一半，且指甲的长宽比为四比三，如果呈现透出光泽的状态，并是健康的粉红色的话，就是标准又健康的指甲。

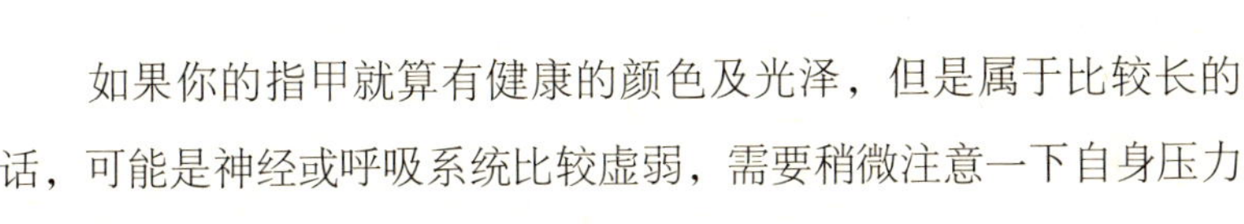

如果你的指甲就算有健康的颜色及光泽，但是属于比较长的话，可能是神经或呼吸系统比较虚弱，需要稍微注意一下自身压力或所处环境的问题。

宽度较宽的短指甲，代表要注意消化系统、泌尿系统或妇科疾病等问题。平时应该定期接受健康检查，作好预防才能及早发现、及早治疗。

如果你的指甲整体面积较窄小，应该注意是否有心脏方面的疾病。另外，指甲呈现红色或是紫黑色的话，请立刻到医院接受检查。而指甲若是倒三角的形状，以及指甲的宽度细到指缘的肉都好像已经包覆住指甲的情形，就是体质虚弱的症状。

如果指甲的前端呈现向下弯曲，就像是倒盖着的汤匙一般，此时应该担心是否有脊髓或呼吸系统方面的问题。指甲的颜色变成紫色时，就是十分危险的警告。另外，如果指甲的生长状况有翘起来的外翻倾向时，代表你累积过多疲劳，已经对心脏造成严重负担，此时你最需要的就是好好地静养休息。一直以来都很正常的指甲，如果开始出现向指尖凹陷的状况，可能是出现中毒的症状，请尽速找医生检查。

出现在指甲上的恐怖警告

指尖的指甲可以老实地将目前的健康状态告诉我们，它就像一个能发出警告的信号灯一样。所以，只要看见指甲上出现了信息，就得赶快找出问题出在哪里才行。

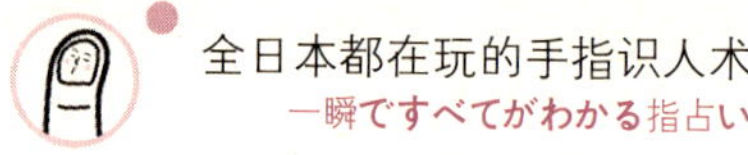

如果原本光滑平整的甲面出现了纵向纹路，意味着你的身心呈现过度疲劳的状态，失去元气，抵抗力也锐减。如果刚好又碰上感冒而不就医，还可能会发展成肺炎。但是，如果为了补充元气而过度剧烈运动，摄取过多营养，反而会因为太过突然的变化产生不好的影响。当身体疲惫虚弱时，更应该要照顾好肠胃，不要增加肠胃的负担，并且多多补充睡眠。

如果甲面上出现的是横向纹路，意味着重大疾病的前兆或身体状况的突然变化。这些纹路会随着指甲变长而跟着往上长，但不能因为这些纹路消失就开始疏忽大意。这些纹路提醒你不要再犯同样错误，所以至少在未来半年至一年的时间，都应努力改正你的生活习惯。

如果指甲的前端在不自觉中出现缺口，这就是营养不良的信号。此时请多摄取钙质或蛋白质。一段时间后，这种症状还是一直持续的话，请到医院接受寄生虫的检查。

甲面出现一个白色的斑点，代表是幸运降临的征兆，看看斑点出现在哪一根手指上，该手指所象征的好事应该会发生在你身上。但是，如果出现一个以上的白色斑点，则是不祥的预兆，可能会发生令你难过的事，请先作好心理准备。

若出现在甲面上的斑点是黑色的，不论斑点的多寡，都暗示将有厄运降临，容易犹豫困惑或失败。观察出现黑色斑点的手指，你很有可能会失去其所象征的事物或代表的东西。此时的你需要格外谨慎小心地行动，以免引发不必要的错误。

从指甲形状来看你的个性

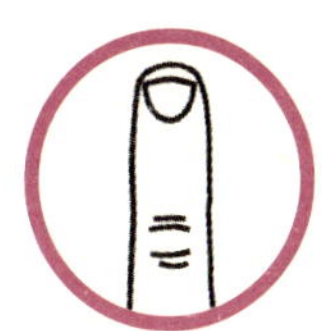

倒三角形指甲

这种类型的人比较神经质，顽强且脸皮较厚。如果是女性的话，容易陷入年龄差距甚大的恋情中。要特别注意脑或脊髓方面的疾病。

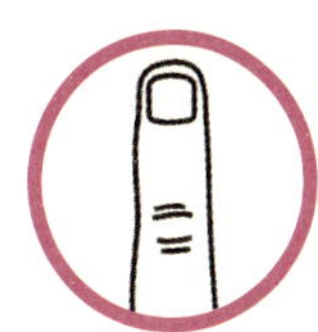

四方形指甲

具有常识思考的人。很有规划的你，总能以最合理的方式行动。这种类型的人多有一套实用的待人处事态度。只是，有时也会出现稍微顽固的一面。

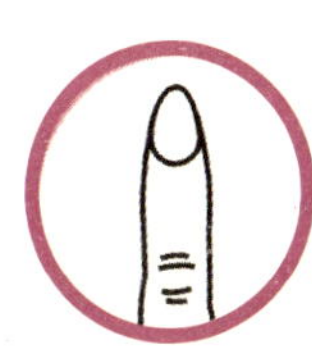

鹅蛋形指甲

总是喜欢追求美丽事物与光鲜靓丽的你，对于演艺圈及流行动向有极大的兴趣。因此，你对于家事或一些杂事就显得漠不关心。这种类型的人还有浪费的习惯。

短指甲

你对自己着手研究的事物非常热衷着迷，善于集中自己的注意力。只不过也有十分消极的一面，所以这种类型的特征之一就是胆小鬼。

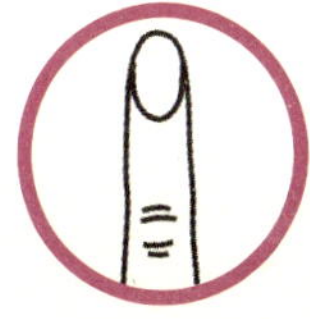

细长指甲

你有一颗稳重又纤细的心。对于神秘的东西或宗教等心灵相关的事物，都抱有很强烈的兴趣。

出现在甲面的吉凶征兆

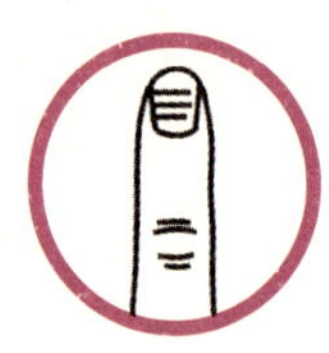

横向纹路

代表在身体或精神方面，你的心脏受到了刺激，此时应特别注意可能会突然产生心肌梗死的症状。当我们的健康出现异常时，指甲常会停止生长，并出现横向纹路。

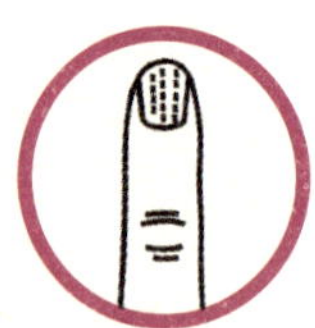

纵向纹路

身体与心灵都陷入疲惫状态的信号。尤其表示心脏、血管、血液等循环系统或呼吸器官有异状。

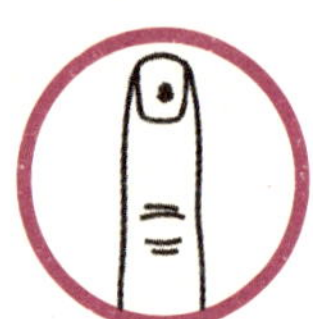

黑色斑点

出现该斑点的指甲，对应的事物可能会受到不好的影响。

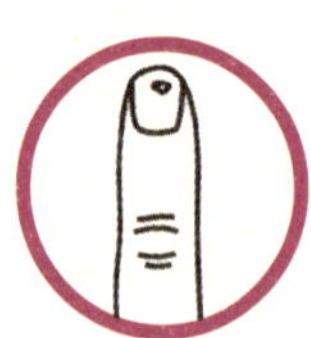

白色不规则形斑点

如果斑点的形状呈现不规则形，或是同一指上同时出现两个以上的斑点，则是不祥的征兆。可能是分离或疾病的预兆。

白色圆形斑点

若出现一个白色的斑点，代表是好运的信号。可能会有幸运的邂逅、突然的金钱收入，或是恋爱运与金钱运处于极佳状态。

后 记

随着指甲彩绘的流行，我很乐见大家开始重视自己的手指。但是，与其替指甲作各种华丽的装饰，我更希望大家能对自己手指保持多一点兴趣。虽然，护手霜或手部按摩等已经成为时尚，但是我觉得大家对手指的意识和关注度仍不够高。

好不容易有一个东西能够表示真正的你，而且它真的是唾“手”可得，所以我们应在日常生活中时时注意手指的存在。手指是末梢神经和微血管聚集的地方，只要轻轻地按摩一定会对身体健康起到一个积极的作用。这种疼惜自己的心情，也会带领你的运势往好的方向发展。

阅读完本书之后，可能有人会因发现自己的手指形状不佳而感到彷徨不安。其实不需要悲观，重要的是先了解自己属于什么类型的人。接着，再开始努力学习如何活用发挥该手指所象征的特质与才能，并如何收敛或改正不好的个性。要想预防自己常在不知不觉中所犯的错，就要先了解其中的原因。因此，手指占卜就是能解开这种原因的方法。事先知道自己容易失败的原因，也就等于能早一步看见陷阱。如此一来，你就能轻轻松松地避开眼前的陷阱，选择平顺安全的道路继续前进。

所以，本书的重点并不是“好的手指”与“坏的手指”。手指只是代表你自己与人生。从以前到现在看过无数双手的我，感到最意外的是不少人会对自己的手指长度、形状、手掌大小感到自卑。

无论手掌大小或手指长短，那都仅能代表此人的个性，不要因此感到自卑或埋怨。你应该对自己这双与生俱来的手感到骄傲才是，因为里面蕴藏着最与众不同的自己。

我希望大家能在接触手指占卜之后，会爱自己更多一些。如果能够爱惜位于自己身体最末端的手指，代表你就可以更爱自己。而能够接受并爱惜自己的人，必定也能坦率真心地去爱别人。这样的你一定能与周遭的关系变得更圆滑与和谐，幸运也会更容易降临在你的身边。

我们常说要“掌握”幸福，而“掌握”就是手指的工作。在我们刚呱呱坠地、来到人世时，会紧握着小小的拳头，其后才慢慢地伸展、打开手指。就像在妈妈肚子里时，你总认为那是一个安稳又和平的世界，而来到这个新的世界，你会渐渐放开在妈妈肚子里的幸福，转而想要抓住这个新世界的幸福。所以，你的手指就是为了这个目的而存在的。平时只要多留意自己的手指，机会来临时，必能敏捷迅速地行动。

最后，我要感谢实业之日本社的安田宣朗先生，促成这本书的成书出版。另外，更要诚心感谢在我研究手指的这条路上，对我伸出援“手”的各位朋友。

橘Noel

于自宅

日本最当红心理学作者
原田玲仁独家授权、最正宗的恋爱心理学

— 日本最多人分享让恋爱运UP的心理书 —

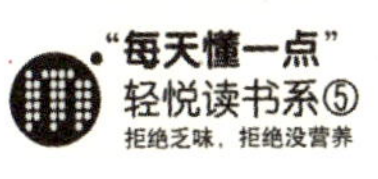

随书附赠
恋爱桃花
开运签！

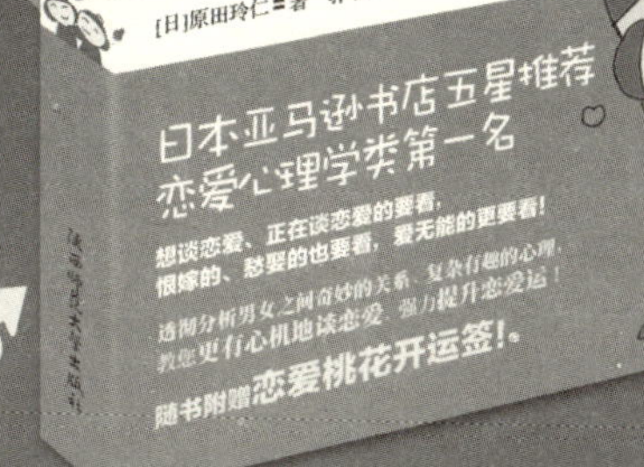

懂得心理学，强力提升恋爱运！

想谈恋爱、正在谈恋爱的要看，
恨嫁的、愁娶的也要看，爱无能的更要看！

"每天懂一点"
轻悦读书系②
拒绝乏味，拒绝没营养

日本最牛B成功概率说明书 懂概率，不会输

日本亚马逊书店五星推荐
连续三年稳居同类书畅销榜前十位

● 点球大战有多少种方案？ ● 面试通过的概率有多高？ ● 与多个对象相亲时，如何选出意中人？
● 数字彩票中有更容易中奖的数字吗？ ● 赌博的时候，孤注一掷好，还是分散下注好？

120个有趣实例，贴心揭示生活中的"成功概率学"。

全日本都在玩的手指识人术
一瞬ですべてがわかる指占い